教育部中国老教授协会职研院组织评审认定
A·V·E
新技能·新岗位

职业技能培训鉴定教材
用于示范性专业水平考试

儿童体质调理技术

ERTONG TIZHI TIAOLI JISHU

人力资源社会保障部教材办公室
中国老教授协会职业教育研究院
组织编写

中国劳动社会保障出版社

图书在版编目（CIP）数据

儿童体质调理技术 / 人力资源社会保障部教材办公室等组织编写. -- 北京：中国劳动社会保障出版社，2021

（新技能 · 新岗位丛书）

ISBN 978-7-5167-1361-7

Ⅰ.①儿…　Ⅱ.①人…　Ⅲ.①儿童 - 体能 - 身体训练 - 研究 - 中国　Ⅳ.①G808.17

中国版本图书馆 CIP 数据核字（2021）第 177203 号

中国劳动社会保障出版社出版发行

（北京市惠新东街 1 号　邮政编码：100029）

*

北京市艺辉印刷有限公司印刷装订　新华书店经销

787 毫米 ×1092 毫米　16 开本　9.5 印张　152 千字

2021 年 10 月第 1 版　2021 年 10 月第 1 次印刷

定价：40.00 元

读者服务部电话：（010）64929211/84209101/64921644

营销中心电话：（010）64962347

出版社网址：http://www.class.com.cn

“新技能·新岗位”职业技能培训鉴定教材
编委会

总 主 编　沈小君
编　　委　杜　林　薛芳渝　孙　瑜　刘志兴　俞　雷　张建华

本书编审委员会

委　　员　李东方　阙东岳　余欣雨　臧成英　任　戈

本书编写人员

主　　编　沈小君
编　　者　（按姓氏笔画排序）
王　哲　纪贝贝　余玲红　宋术军　周甜雨　谢和兵

本书工作人员

摄 影 师　潘红庆　王冠中　孟　跃
演　　示　（按姓氏笔画排序）
王永洪　王政宇　王晓娇　李雪红　余玲红　邹　英
孟怡欣　周　军　胡凤锦　徐孝爱　徐梓萱　殷能静
随　迪　覃煌杰

内容简介

本教材紧紧围绕“以社会需求为导向，以岗位能力为核心”的编写理念，力求突出培训特色，满足培训与考核的需要。

本教材详细介绍儿童体质调理人员应掌握的相关知识和技能要求。全书分为7章，主要内容包括概述、基础知识、中医理论、儿童推拿、儿童艾灸与儿童敷贴、儿童营养指导、儿童体格锻炼及意外伤害处理。

本教材可供相关人员参加上岗培训、在职培训、岗位培训使用。

序

儿童体质调理师作为近年来发展迅速的新兴职业，其工作内容是以儿童健康需求为导向，在中医养生理论的基础上，采用推拿、艾灸、敷贴等手段以及通过营养指导、体格锻炼等方式，帮助儿童调理身体、改善体质、预防疾病，为儿童健康保驾护航。

儿童体质调理是中医养生理论的创新和发展，是以预防为主思想的集中体现，是减少儿童疾病危害、养成儿童良好健康习惯、提高儿童及其所在家庭生活质量的重要保障。

当前，儿童体质调理人员极为稀缺。打破人才短缺因素制约业态发展的瓶颈，建立儿童体质调理人才评价标准，加大儿童体质调理人才培养力度，增强儿童体质调理服务行业的核心竞争力已迫在眉睫。

为顺应社会需要，落实国家人才兴国战略，推进我国儿童体质调理人员职业培训与能力评价体系建立，人力资源社会保障部教材办公室、中国老教授协会职业教育研究院精心策划并邀请有关专家、学者以及富有工作经验的从业人员共同编写了这本儿童体质调理人员基础教程《儿童体质调理技术》。

本书注重理论、方法和实务操作的融合，具有简单明了、通俗易懂、可操作性强的特点，广泛适用于儿童体质调理机构及其工作人员，以及所有希望通过对儿童体质调理技术的掌握更好地抚育孩子、建设和谐家庭的家长。

在编写过程中，本书参考和借鉴了大量的国内外文献及相关学科的研究成果，广泛吸取各家之长，其内容力求与儿童体质调理人员的实际需要接轨，与儿童体质调理人员的能力评价接轨，与儿童体质调理事业的发展趋势接轨。在此谨向儿童体质调理领域的先行者、实践者致以崇高的敬意！

本书在编写过程中得到北京养生文化交流中心、江苏熊孩子医疗科技有限公司等单位的支持和帮助，在此表示衷心的感谢！

受编写人员水平和实践的局限，本书不足之处在所难免，我们热忱欢迎广大读者，特别是儿童体质调理人员提出宝贵意见，以便不断修改完善。

中国老教授协会职业教育研究院执行院长
北京养生文化交流中心理事长　　**沈小君**

目录

第六章 儿童营养指导

第七章 儿童体格锻炼及意外伤害处理

第一章

概　述

第一节　体质调理与儿童体质特点

一、体质

体质是指人们在先天因素和后天因素长期影响下而形成的体态结构、生理功能相对稳定的特殊状态，即个体特性。其先天因素有遗传因素、胎儿期状况等，其后天因素有社会条件、气候条件、地理状况、营养、年龄、体育锻炼、疾病、药物、精神因素等。后天因素在先天因素的基础上进一步促进体质的形成、稳定和巩固，或者促进体质的改变。

二、体质调理

体质调理是指通过辨清体质、疏通经络、充和气血、调养脏腑等方式来进行体质的改善、身体的调理，从而做到未病先防、未老先养、调整阴阳、补偏救弊，达到个体天人相应、形神兼具、动静有常、和谐适度的目的，为人们的健康保驾护航。其主要方法包括推拿、艾灸、敷贴、体格锻炼等。

三、儿童体质特点

一方面，儿童的机体结构和功能都未发育完善；另一方面，儿童生命力旺盛，正处于快速生长发育的阶段，如草木方萌。中医学上，用“纯阳”和“稚阴稚阳”来形容儿童的体质特点。“纯阳”是指儿童在生长发育过程中具有生长快速、发育旺盛的特点；“稚阴稚阳”则是指儿童肌肤柔嫩、筋骨未坚、形气未充、脏腑娇嫩、阴阳二气均较为不足。

由此儿童体质表现出以下两个特点。

1. 平衡性较弱，可塑性较强

平衡性较弱是指儿童体质不似成人稳定、强壮，因此需要根据季节、气候、流行病等情况做好防护工作，还要在饮食、卫生等方面细心照料。同时，要引导儿童进行适当的体格锻炼。

儿童“脏腑娇嫩、形气未充、易寒易热、易虚易实”，正处于快速生长发育期，可塑性较强。健康合理的养育方式容易让儿童拥有平和的体质、强健的体魄，而不健康的养育方式很可能会造成儿童体质上的偏颇，如营养过剩、各种虚寒湿热等。

2. 抵抗力较差，病情变化迅速

儿童对外界不良因素较敏感，易受其影响，抵抗力较差，容易生病。例如，儿童出了较多的汗就可能感冒，或者多吃了几块肉就可能消化不良。

儿童生病时通常会表现出发病比较迅速的特点，如不及时治疗很容易加重病情。儿童自身的免疫系统还不够完善，所以受外界不良因素影响而生病后主要依靠外界药物来治疗。

第二节　儿童体质调理的意义和作用

一、儿童体质调理的意义

人处于胎儿期时，会受到母体和父体元气盛衰、营养状况、生活方式、精神状态等因素的影响，这些因素决定了一个人的体质基础。

人出生后体质会受到包括性别、年龄、心理状况等内因和包括生长环境、营养条件、教育水平等外因的共同影响，而往更平和的方向或更偏颇的方向发展。偏颇的体质不仅会给人带来身体上的不适和病痛，更会给人造成心理上的痛苦和压抑，对人一生的发展都会产生非常严重的影响。

科学的体质调理可以最大限度地弥补先天不足，并能最大限度地平衡后天的各种影响因素，给人带来健康的身体和轻松的心态。

儿童体质调理可以疏通经络、健脾健胃、调和气血。气血通畅是人体健康长寿的基础，气血充足是保证全身上下各个组织器官能够正常完成生理功能的前提。

儿童体质调理可以调节内分泌、加强新陈代谢、提高免疫力。内分泌腺可分泌多种激素，促进细胞新陈代谢，而免疫力是人体抵抗外界疾病侵袭的一种保护机制，可启动自身防御和修复功能。

儿童体质调理可以舒展肌肤、活脏开腑、旺盛精气神。人的五脏六腑在内，骨骼肌肤在外，而精气神是一个人身体和心理状态的综合表现，体质调理可以滋养内在、健美形体、调养精神。

二、儿童体质调理的作用

随着人们生活水平的提高和生活节奏的加快，越来越多的人开始注重养生，中医养生也得到更多人的关注和认可。针对儿童体质进行调理是在中医养生基础上的一种创新和发展。儿童可塑性强，其体质容易调理和改善。

儿童体质调理是“以预防为主”思想的集中体现，即预防疾病、减少疾病的危害、促进生长发育。儿童体质调理可以帮助儿童建立健康的生活方式，养成平和的健康体质，为以后的生活提供健康保障，还能帮助父母建设和谐、健康的家庭。

第三节　儿童体质调理师的职业素养

儿童体质调理师是近年来发展比较迅速的一个新兴职业，其职业目的是为儿童提供“改善体质，调理身体，为健康保驾护航”的服务。从严格意义上来讲，儿童体质还未完全定型，若能够在了解儿童体质特点、成长规律的基础上进行长期良好的中医调养，并辅以适当运动以及饮食调理，就有可能改善儿童体质，助其养成生机旺盛的体质，使其不生病或少生病，保障儿童健康无忧地成长。儿童体质调理师的日常工作场景如图 1–1 所示。

一、儿童体质调理师应具备的理论基础

儿童体质调理师主要是针对儿童体质，通过推拿、艾灸、敷贴、体格锻炼等方式进行调理，预防疾病。儿童体质调理师是父母、儿童的帮助者，在儿童健康成长过程中充当营养师、朋友和老师的角色。

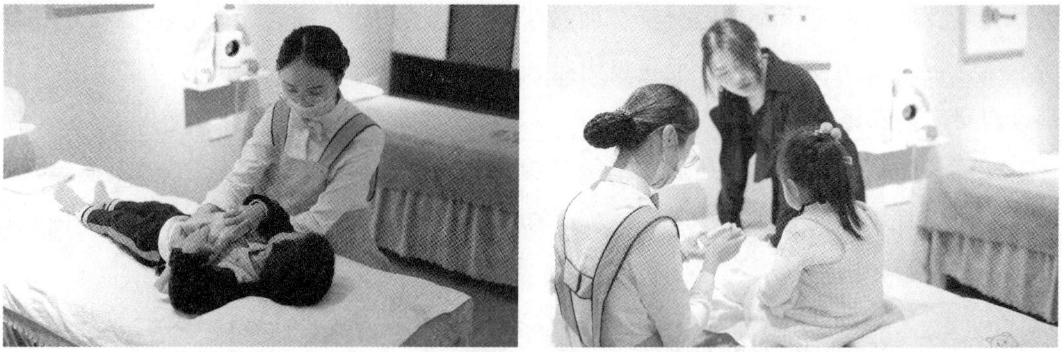

图 1-1　儿童体质调理师的日常工作场景

因为儿童在身体、心理上都还未发育完善，无法与其进行完整有效的沟通，所以儿童体质调理师要掌握基本的儿童生理学、儿童心理学、儿童营养学、儿童运动学等相关知识，要详细地掌握儿童发病背景，准确地找出根源，进行正确、健康的调理。

1. 掌握儿童生理学相关知识

儿童身体稚嫩，抵抗力较差，生活环境稍有变化就容易受到影响，所以儿童体质调理师在开始调理之前，要了解儿童生理学相关知识，仔细辨别发病原因。

2. 掌握儿童心理学相关知识

有些儿童发生不适症状不只是生理上的原因，还和情绪等有极大的关系，所以儿童体质调理师还要了解儿童心理学相关知识，要注意分析儿童的心理活动。

3. 掌握儿童营养学相关知识

儿童体质调理师应了解儿童营养学知识。中医学讲究利用食物的性能来滋养五脏六腑、调节人体阴阳和预防疾病，有“药食同源”之说。不同食物有不同的特性，也就对身体有不同的作用，所以吃对是根本。儿童体质调理师应能给父母提供合理的营养指导。

4. 掌握儿童运动学相关知识

儿童体质调理师还应了解基本的儿童运动学知识。体育运动不仅是提升身体素质的核心内容，更是奠定儿童终身健康发展的基础。了解体育运动对儿童的成长影响，帮助儿童养成坚持运动的好习惯，有助于收获良好的儿童体质调理效果。

5. 掌握其他相关知识

儿童体质调理师要有丰富的知识储备，如中医儿科学知识、药学知识、儿童学知识、食品安全知识，以及各种养生知识如环境与养生、运动与养生、季节与养生等；还应有丰富的经验，能针对儿童各种不适情况做出准确的判断，并能进行合理的调理。

二、儿童体质调理师应具备的工作态度

1. 对待儿童和家长要有耐心

儿童还不能完全控制自己在心理和生理上的不适反应，所以有时会出现不配合的情况，这时就要求儿童体质调理师要有耐心，要理解儿童的这种哭闹情绪，并能够善于帮助儿童缓解不良情绪。

当儿童不舒服、哭闹时，家长是最着急的，这时家长会急于见到调理效果，尤其是在中断体质调理后儿童不适感又反复时。儿童体质调理师要理解家长这种着急的心态，并能够给予耐心、真诚的疏导。

2. 要客观而严谨

对儿童的体质判定要做到严谨，儿童体质调理师要在全面掌握各种情况后再做出正确的判断，不能轻易下结论。儿童体质调理师在向家长阐述观点时态度要客观、平和，不能故意夸大，也不能刻意隐瞒。对于情况复杂的儿童，儿童体质调理师要虚心请教同事，同时也要明确地告知家长，不能没有把握就开始调理。

儿童体质调理师要牢记自己的工作使命是帮助儿童提高身体素质，不能做超出工作范围的事，不轻易承诺也不随意批判，时刻牢记以客观而严谨的态度提供优质的服务。

3. 要时常进行总结和学习

儿童体质调理师要时常进行总结和学习，补充新知识以提高自身的技能水平；也要经常与同事、同行进行交流学习，共同进步。

三、儿童体质调理师的职业道德

儿童体质调理师的职业道德是指其在从事调理工作的过程中应具备的基本思想品德，是所有儿童体质调理师应共同遵守的道德准则。

1. 遵纪守法，严谨敬业

遵纪守法是儿童体质调理师职业发展的保证。儿童体质调理师必须依法执业，自觉抵制一切伪调理行为。同时，儿童体质调理师需要依法保护自己的正当工作权益。儿童体质调理师应遵守《中华人民共和国劳动法》《公共场所卫生管理条例》等法律法规。

严谨敬业是指儿童体质调理师必须具有强烈的事业心和勇于开拓的精神，刻苦钻研业务，对待工作要严谨负责，严于律己、忠于职守，以一身正气、一流服务、一等技艺服务群众，树立良好的职业形象。

2. 热心服务，诚信待人

热心服务是指儿童体质调理师应着装整齐、仪表端庄，态度热情、和蔼可亲，语言亲切、举止文明，要本着“一切为儿童着想”的原则，热情对待儿童及其家长，真诚关心儿童，提供周到专业的服务。儿童体质调理师与儿童进行游戏互动如图 1–2 所示。

诚信待人是指儿童体质调理师应严格遵守行业规则，不能有任何欺诈行为。

图 1–2　儿童体质调理师与儿童进行游戏互动

3. 崇尚科学，求实进取

崇尚科学是指儿童体质调理师应树立科学的态度，掌握科学知识，用科学的方法处理问题，坚决反对愚昧，自觉抵制迷信，摒弃一切伪科学的养生术。

求实进取是指儿童体质调理师应树立强烈的学习欲望，善于在养生工作实践中不断总结经验，认真钻研业务技术，切实提高科学养生的专业知识和技能，不断提升科学养生指导水平。

4. 尊重同行，共事相容

尊重同行是指不同流派的儿童体质调理师之间应互相尊重、互相学习，取人之长、补己之短，不应用非法手段贬损别人、抬高自己，更不应搞人身攻击，要共同维护行业的良好环境。

共事相容是指同一机构的儿童体质调理师在工作中应以调理对象和集体利益为重，识大体、顾大局，团结协作、合力共事，共同做好儿童体质调理工作。

5. 甘于奉献，慎言守密

甘于奉献是指儿童体质调理师应热爱本职工作，能够吃苦耐劳，乐于在平凡的岗位上兢兢业业、努力奉献，用自己的专业知识服务于群众。

慎言守密是指儿童体质调理师应严格执行行业保密制度，不得以任何方式泄露他人的隐私和个人信息。同时，在进行调理时应使用规范性语言。

第二章

基础知识

第一节　儿童生理学知识

一、儿童年龄分期

新生命降生之后，始终处在生长发育的动态、连续变化的过程中，不同年龄段的儿童，其形体、生理、病理等方面各有特点，受不同气候条件、生活条件的影响，养育保健、防治疾病等也有不同要求。

根据儿童体格、牙齿的发育情况及精神、智力的发展情况，对其按年龄进行分期，便于更好地进行体质调理。一般将儿童的生长阶段划分为新生儿期、婴儿期、幼儿期、学龄前期、学龄期。

1. 新生儿期（从出生到 28 天）

新生儿是指新出生的婴儿，对新生儿的喂养、保温、护理、隔离等方面应特别注意。

2. 婴儿期（从 28 天到 12 个月）

婴儿发育速度快、营养需求多，但消化能力差、抵抗力低，故应注意合理喂养、适当进行户外活动及按时进行预防接种，增强抵抗力。

3. 幼儿期（从 1 岁到 3 岁）

幼儿生理功能日趋完善，语言动作、思维发展迅速，由于户外活动增加，接触传染病的机会也增多，故应按时进行预防接种，并给予适当的早期教育。

4. 学龄前期（从 4 岁到 6 岁）

学龄前儿童的理解能力和模仿能力较强，语言逐渐丰富，对周围事物有强烈的好奇心（如喜欢问为什么），故应注意多解释。

5. 学龄期（从7岁至青春期来临前[①]）

学龄期又称儿童期。学龄儿童能适应学校及社会环境，因此学校和家庭均应重视儿童德、智、体、美、劳全面发展的教育，并注意营养摄入及劳逸结合。

二、儿童生理及病理特点

1. 生理特点

（1）脏腑娇嫩，形气未充

即五脏六腑、津液气血、肌肉骨骼及生理功能等均处于幼稚阶段，因此古人称儿童为“稚阴稚阳”之体。

（2）生机蓬勃，发育迅速

虽然儿童脏腑娇嫩、形气未充，但是生长发育迅速，无论是体格、智力还是脏腑功能方面，均不断地向成熟、完善的方向发展，犹如旭日东升、草木方萌，蒸蒸日上、欣欣向荣。

2. 病理特点

由于儿童脏腑娇嫩、形气未充，抵抗力较差，加之寒冷不能自调、饮食不能自节，易受外邪侵袭或被饮食所伤，因此易于发病。儿童年龄越小越容易生病，得传染病的概率也高于成人。

儿童脏腑柔弱，发病后病情变化迅速，易虚易实，易寒易热，若调治不当，易由轻症转重症、由重症转危症。

由于儿童在生长发育过程中精力充沛，加之病因单纯，无悲观、忧郁等不良情绪的影响，因此只要诊断正确、治疗及时、护理得当，是易于康复的。

三、儿童生长发育的特点

1. 生长发育的连续性和阶段性

（1）连续性

在儿童的整个生长发育过程中，从胎儿期（从妊娠8周至出生为止的时期）到学龄期，身体都处在不停生长发育的过程中，这个生长发育的过程具有连续性。例如，从婴幼儿期的咿呀学语到学龄期学习不同的语言、文化等，从无意识到不断地认识、记住各种新鲜事物，这都是一个连续性的动态过程。

---

①女孩一般从11～12岁开始进入青春期，男孩一般晚两年。

（2）阶段性

儿童的生长发育还具有阶段性，在不同的生理时期，其生长发育的侧重点是不同的。婴幼儿的身高、体重增长较快，处于生理功能完善阶段，而语言、思维、价值观则处于发展的基础阶段；等到了学龄期，儿童会开始对新鲜事物产生强烈的好奇心，这个时期是他们接受知识最快的时候，若能给予他们正确、良好的引导，则有助于其价值观、创造力的塑造。

2. 各器官系统发育的不平衡性

各器官系统的发育是不平衡的。神经系统发育先快后慢，一般从胎儿期到学龄期的 10 岁左右完成发育；淋巴系统在学龄期发育迅速，在青春期达到发育高峰，以后发育速度逐渐下降；生殖系统的发育较晚，一般从青春期才开始发育。其他系统如心、肝、肾、肌肉的发育基本都与体格生长发育相平衡。

3. 生长发育的顺序性

虽然人体各器官系统的发育具有不平衡性，但在人体的整个生长发育过程中，各器官系统的发育是遵循一定顺序的，如最早发育的是神经系统，然后是淋巴系统，最晚发育的是生殖系统。因此，生长发育是具有顺序性的。

4. 生长发育的个体差异

个体的生长发育是由出生前的父母遗传以及出生后的家庭养育环境和学校教育环境共同决定的，是存在差异的。

四、影响儿童生长发育的因素

影响儿童生长发育的因素包括内在因素和外在因素。内在因素包括遗传、营养素摄入、性别等，外在因素包括疾病、生活环境、教育等。

1. 内在因素

（1）遗传

儿童生长发育的特征、潜力、趋向等会受到父母双方的身体素质、孕母身体状况的影响，以及种族和家族遗传信息的影响。

其中，孕母身体状况对胎儿生长发育的影响是非常大的。如果孕母在妊娠早期受到病毒感染，则可能会导致胎儿先天畸形。如果孕母营养不良，则可能会导致胎儿流产、早产或发育迟缓。孕母服用某些药物、照射 X 射线、接触有毒物质及受到精神创伤均可能影响胎儿的生长发育。

（2）营养素摄入

摄入充足的营养素可使儿童生长潜力得到最好的发挥。孕母子宫内营养素不足不仅影响胎儿的体格生长，还严重影响其脑的发育。出生后营养素摄入不足会影响儿童的体格生长，同时其免疫调节功能、内分泌调节功能和神经调节功能可能低于同龄人的正常水平。

（3）性别

男孩、女孩的生长发育各有其规律与特点。男孩青春期开始得较晚，但持续时间较长，故最终体格发育水平明显超过女孩。评估或评价儿童发育水平时应分别按男女不同的标准进行。

2. 外在因素

（1）疾病

疾病对儿童的生长发育有明显的影响。例如，急性感染病可使儿童体重减轻，慢性疾病会影响儿童体重与身高（或身长）的增长，内分泌疾病可引起儿童骨骼生长迟缓和神经系统发育迟缓，先天性疾病如先天性心脏病、先天性肾小管酸性中毒、糖原贮积病等均会造成儿童生长发育迟缓。

（2）生活环境

优良的生活环境是指阳光充足、空气新鲜、水源清洁、无噪声、住房宽敞等。另外，健康的生活习惯、科学的体育锻炼、完善的医疗保健服务等都有助于儿童生长发育。

（3）教育

教育包括家庭教育、学校教育和社会教育。生活环境和教育是相辅相成、共同作用的。特别是当儿童走进学校独立学习知识的时候，其成长是迅速且易被塑造的。在家庭教育、学校教育和社会教育的共同作用下，儿童开始有自我意识，并形成性格和价值观雏形。

第二节　儿童心理学知识

儿童心理学一般是以个体从出生到青少年时期的心理特征和发展规律为研究对象的。西方儿童心理学的研究一般认为，儿童心理学与“儿童发展”在意义和范围上基本相同。儿童心理学的研究内容通常包括儿童的感知觉发展、意志行动发展、记忆发展、思维发展、注意发展、语言发展等。

父母往往会无意识地把儿童当作自己的附属品，这种无意识是错误的。儿童是一个独立个体，是有情感、有需求的小生命。在养育过程中，父母要时刻注意儿童的心理变化，关注儿童的心理需求和发展需要，给儿童一个健康、积极的心理成长环境。儿童只有在心理上有愉悦感和幸福感，才能增强体质。

一、独立性

一般儿童会在一岁半时开始有自己的意识，到 3～4 岁时就已经会独立思考事情了。这时，如果父母还不能认识到儿童的独立性，就可能会在很多自己认为的小事上“伤害”儿童，反映到儿童的具体表现上，包括不爱吃饭、跟父母对着干、容易生病等。儿童的独立性主要表现在以下几个方面。

1. 儿童需要尊重

儿童的世界是一个独立存在的世界，他们在成长发育过程中有一种自我塑造、自我形成的表达力，所以对儿童最好的教育就是舒展他们的天性，用足够的理智和耐心来引导和帮助他们成长。

尹建莉在《好妈妈胜过好老师》中写道：“面对一个未成年人，成年人最大的文明所在，就是站在儿童的角度，努力理解他的所想所为，以他乐意接受的方式对他的成长进行引导。你必须把他当作一个‘人’来平等对待，而不是当作一个‘弱小的人’来征服。”

在培养儿童的过程中，注意不要做儿童的管教者或者奴隶，而要做儿童的朋友，把他当成和自己一样的独立个体去平等对待。父母批评、威逼利诱、打骂儿童，就是他们把自己放在管教者一方的体现。当儿童没有按照父母的意愿去吃饭、写作业、睡觉的时候，管教就随时可能发生，而这种管教很容易引起儿童的逆反心理，导致儿童不管什么都要和父母对着干。当然，一味纵容和宠溺也会给儿童带来一种唯我独尊、不管是谁不管什么事都要听自己的错觉，儿童一旦养成凡事唯我独尊的习惯，是不利于其未来在社会中发展的。

父母在教育儿童时要把他们当成独立的个体去充分尊重，顺应他们的天性并加以适当的引导，为他们的成长保驾护航，这样才能最大限度地培养健康、快乐的儿童。家长在与儿童产生矛盾时不要急躁，应耐心、细致地与其沟通。

2. 儿童是聪明而细腻的

儿童都是很聪明的，能细腻地感受到他人的情绪，能读懂开心和幸福，也能读懂愤怒和恐惧。儿童通过自己的观察会产生一些小心思，他们不会直接跟家长去讨论这些小心思，而是自己慢慢“消化”，如表现在饭量减少、哭闹、安静少言等。因此，父母要注意儿童的这些变化，不要笼统地认为他们还小、什么都不懂，要注意在儿童面前控制情绪。一些事情也可以选择性地告诉儿童，使他们感觉到自己也是家庭的一分子，因此，他们也能更好地与父母沟通，表达自己的想法。

3. 儿童有很强的自尊心

儿童有很强的自尊心，成人觉得无所谓的事情可能对儿童来说是非常严重的，甚至会受到心理伤害。因此，在日常生活中要注意尽量不批评儿童，而是以更多的耐心去发现其犯错背后的原因，以更多的爱和包容让儿童学会勇敢面对，而不是在犯错后第一时间担心会受到惩罚。成人也有犯错的时候，所以应接纳儿童无意识的小错误，给予儿童充分的关爱和尊重，让儿童在犯错中学会反思、学会成长。

以一颗平常心来对待儿童，不刻意表扬和批评，更多的是去鼓励和引导，这样当儿童犯了错误就会学着去反思总结、吸取教训，以利于其快速成长。

二、依赖性

1. 儿童依赖父母

儿童对父母都是有依赖性的，在儿童的情感需求上，没有人能取代父母。儿童从出生到能够独立思考再到形成稳定的情感，从家庭教育中所获得的安全感、愉悦感和幸福感大部分是父母提供的，可以说父母是儿童最重要、最信赖的人，因此儿童对父母的感情是无法被旁人所取代的。父母要明白儿童对他们的情感依赖和需求，在与儿童的相处过程中，要用心付出足够多的时间，给予其有质量的陪伴。

2. 父母依赖儿童

父母依赖儿童其实就是在地位平等的前提下，父母倾听儿童的见解，让儿童帮助自己拿主意，这样会培养儿童的独立性，锻炼儿童的思考能力和解决问题的能力，也能让儿童更多地体会到自己是被父母所需要的，从而拉近父母与儿童之间的距离。因此，父母要与儿童多沟通，多给予儿童一些情感上的满足。

三、无知性

儿童的学习和成长是一个从无到有的过程，他们还不够明白为人处世的道理，对于很多未经历过的事情都还处于一个无知的状态，因此儿童需要不断学习和经历，从而掌握面对各种生活挑战的技巧。然而，很多父母总是会无意识地用成人的价值观去判断儿童做这件事的动机，以及责怪事后所产生的不尽如人意的结果。这些无意识的责怪往往会伤害到儿童的情感，伤害积少成多，会对孩子的心理健康和成长发育带来极为不好的影响。因此，除了要把儿童当作独立的个体去尊重，还要对其无知性给予充分的理解。

四、模仿性

儿童是极具模仿性的，学龄期是他们好奇心最强、学习能力也最强的时候。儿童的模仿是无意识的，是日积月累、悄无声息完成的，儿童没有办法去衡量这种模仿所带来的结果是好是坏，所以这种模仿所带来的心理变化也是潜移默化的。例如，有些父母比较挑食，却要求儿童不能挑食；有些父母在陪伴儿童的时候总是玩手机，那么这些儿童在做事的时候也不会专心而是总想着玩；有些父母遇事大吵大闹，而当儿童遇到解决不了的问题时，往往也企图通过大声哭闹或者以暴力行为来解决问题。父母应注重言传身教，做儿童的好榜样。

第三节　儿童营养学知识

一、营养与健康的关系

营养是保证人体健康的条件，也可以说人体健康依赖于营养。食物中各种营养素含量的多少，人体消化、吸收和利用营养素程度的高低与健康关系密切。营养素有为人体提供热能、构成人体组织和调节生理功能的作用。只有在营养素充足的情况下，才能保证人体健康，使人精力旺盛，提高人体对疾病的免疫力，预防疾病，延长寿命。

儿童摄入的营养素是其维持日常生活、促进身体发育和构建良好免疫系统的基础，如果营养素摄入不足或不当，儿童的生长发育就会受到影响，甚至导致儿童生病。例如，蛋白质摄入不足会使儿童身体发育迟缓、大脑发育受到影响；维生素摄入不足会使儿童出现相应的维生素缺乏症，如缺乏维生素 A 的儿童可能患有夜盲症，缺乏维生素 D 的婴幼儿可能患有佝偻病；矿物质摄入不足会影响儿童的生长发育，如缺锌时儿童发育迟缓、味觉降低、第二性征发育不良，缺碘可能影响儿童大脑神经的发育。

注意，营养素的摄入并不是多多益善，有些营养素摄入过多也有不利影响。例如，脂肪摄入过多可能引起肥胖，还可能导致一些慢性疾病发病率的提高。

二、各类食物的营养特点

1. 谷类

谷物是以禾本科植物为主的粮食作物籽实的总称，包括大米、小麦、玉米、高粱、大麦、燕麦、小米、荞麦、青稞等，是我国人民的传统主食食材。谷物含有丰富的碳水化合物，是人体摄取能量、蛋白质、膳食纤维、B 族维生素、矿物质的主要来源。

禾本科植物的籽实即谷粒，由谷皮、胚芽、胚乳 3 个主要部分组成。其中谷皮富含膳食纤维，胚芽富含蛋白质、维生素 B_1、多酚等，胚乳富含淀粉。谷物从收割到上市要经过一定程度的精细化加工，如碾去谷皮等，因为胚芽随谷皮剥落，所以几乎仅剩下胚乳部分，成为精制谷物。精细化加工使谷物丢失了大量的营养成分。全谷物是指未经精细化加工或虽经碾磨、粉碎、压片等处理，但仍保留完整谷粒所具有的谷皮、胚芽、胚乳及其天然营养成分的谷物。与精制谷物相比，全谷物含有较为丰富的膳食纤维，能量相对较低，且保留了更多的蛋白质、脂肪、B 族维生素、叶酸、维生素 E、钙、铁等营养素，以及较为丰富的 β- 葡聚糖、黄酮、多酚等植物化学物质，有助于促进肠道蠕动，降低血脂、血糖，提高抗氧化能力。

2. 薯类

薯类是马铃薯、甘薯、木薯等根茎类食物的统称。薯类的碳水化合物含量（这里指质量分数，下同）一般在 15% ~ 30%，蛋白质、脂肪的含量较低，但维生素 C 的含量高于谷类。

马铃薯营养丰富，碳水化合物含量约为 17%，蛋白质含量约为 2%，脂肪和膳食纤维的含量很低，还含有多种维生素如胡萝卜素、B 族维生素、维生素 C 等，钾的含量也较高。通过油炸方式制作的薯片、薯条为马铃薯制品，其脂肪含量非常高，不建议儿童经常食用。

甘薯的碳水化合物含量约为 25%，蛋白质含量约为 2%，脂肪含量较低，含有丰富的维生素，其中胡萝卜素的含量是马铃薯的 4 倍，还含有丰富的纤维素、半纤维素、果胶等。适量食用甘薯可促进肠道蠕动，预防便秘。

木薯的碳水化合物含量约为 28%，蛋白质含量约为 2%，膳食纤维含量约为 1.6%，脂肪含量较低，还含有丰富的维生素。

3. 豆类及其制品

豆类一般分为大豆类和其他豆类。大豆类按照种皮颜色可分为黄豆、黑豆、青豆、褐豆及双色大豆，其他豆类包括豌豆、蚕豆、绿豆、芸豆等。豆制品是以大豆类或其他豆类为原料制作的发酵或非发酵食品，如豆酱、豆浆、豆腐、豆腐干等，是膳食中优质蛋白质的重要来源。豆类及其制品的蛋白质含量很高，以黄豆为最高，高达35%~40%。下面主要介绍黄豆的营养特点。

黄豆蛋白质的氨基酸模式较好，具有较高的营养价值，属于优质蛋白质，其中赖氨酸含量较高，但蛋氨酸含量较低。黄豆与谷类混合食用，可以较好地发挥蛋白质的互补作用。

黄豆还含有多种有益健康的物质，如低聚糖、异黄酮、卵磷脂等。其中，低聚糖可不经消化直接进入肠道，促进肠道中益生菌、双歧杆菌的繁殖，具有维持儿童肠道微生态平衡、提高儿童免疫力的作用。

注意，黄豆中含有一些抗营养因子，如蛋白酶抑制剂、胀气因子、植酸、植物红细胞凝血素等，可影响人体对某些营养素的消化、吸收。因为有以上抗营养因子的存在，所以虽然黄豆营养价值较高，但其蛋白质消化率只有6%。故在食用黄豆之前，应进行合理加工，如通过水泡、磨浆、加热、发酵、发芽等方法将黄豆加工成豆制品，以充分发挥黄豆的营养价值。

4. 蔬菜水果类

蔬菜水果类富含维生素、矿物质、膳食纤维，且能量低，对于满足人体对营养素的需要，保持肠道正常功能以及降低慢性病的发病风险等具有重要作用。蔬菜水果类还含有多种植物化学物质、有机酸、芳香物质、植物色素等，能够增进食欲，帮助消化，促进儿童健康成长。

（1）蔬菜

基于食用部位的不同，可将蔬菜分为根菜类、茎菜类、叶菜类、花菜类、果菜类等。蔬菜的含水率一般在65%~95%，多数高于90%。多数蔬菜的蛋白质含量在3%以下，脂肪含量在1%以下。大部分蔬菜的碳水化合物含量较低，仅为12%~25%。蔬菜是下列营养素的重要来源：膳食纤维（尤其是不可溶纤维）、有机酸、部分矿物质（如钾、钠、钙、镁、磷、铁、铜等）、维生素（尤其是维生素C、胡萝卜素、叶酸、维生素K等）、多种植物化学物质（如类黄酮、有机硫化物等）。

不同类别蔬菜的营养成分具有较大差异。例如，甘薯、莲藕、胡萝卜、南瓜等部分根茎类和果菜类蔬菜的碳水化合物含量较高；叶菜类、花菜类、部分茄果类蔬菜含有较多的维生素C、胡萝卜素、叶酸、维生素K等；叶菜类也含有较多的纤维素和半纤维素，通常含量在10%~22%。

（2）水果

水果是指可以吃的、含水量较多的植物果实。新鲜水果的含水率一般在85%~90%；蛋白质和脂肪的含量较低，大多数在1%以下；碳水化合物的含量在8%~20%，主要以单糖或双糖的形式存在；水果还是维生素、矿物质和膳食纤维的重要膳食来源。红色和黄色水果（如山楂、芒果、柑橘、木瓜、沙棘、杏等）的胡萝卜素含量较高。枣类、柑橘类和浆果类（如猕猴桃、黑加仑、草莓等）的维生素 C 含量较高。香蕉、黑加仑、龙眼等的钾含量较高。除营养素以外，水果中的有机酸如果酸、柠檬酸、苹果酸等能刺激消化腺的分泌，增进食欲，有利于儿童消化食物。水果含有丰富的膳食纤维，尤其是可溶性膳食纤维果胶的含量较高，不仅有利于肠道健康，防止儿童便秘，还能在控制体重、调节糖脂代谢中发挥一定作用。此外，水果还含有丰富的植物化学物质，它们具有特殊的生物活性，有益于儿童身体健康。

5. 牛奶及其制品

牛奶及其制品是营养成分齐全且比例适宜、易消化、易吸收的动物性食物，是钙的主要膳食来源，也是优质蛋白质、磷、维生素 A、维生素 D 和维生素 B_2 的重要膳食来源。牛奶的蛋白质平均含量在 3% 左右，消化率高达 90% 以上，其必需氨基酸的比例符合人体需求。牛奶的脂肪含量在 3%～4%，其以微脂肪球的形式存在，有利于儿童消化、吸收。牛奶中的碳水化合物主要是乳糖，有调节胃酸、促进胃肠蠕动和消化液分泌的作用，并能促进钙、铁、锌的吸收，有利于肠道中乳酸杆菌的繁殖。如果儿童体内缺乏消化乳糖的乳糖酶，则不能吸收牛奶中的乳糖，在食用牛奶后，乳糖就会在大肠内发酵、分解，产生水、二氧化碳及乳酸，引起呕吐、腹胀、腹痛、腹泻等症状。

在各类食品中，牛奶及其制品的营养素最为齐全，所含蛋白质、脂肪、碳水化合物、矿物质、维生素等营养成分的比例十分平衡，对儿童体格的发育和智力的发展具有重要作用。适量饮奶可以增加儿童对钙的摄入量，对儿童骨骼和牙齿的生长发育起促进作用。

6. 肉类

（1）畜肉

畜肉通常是指家畜类动物的肉，因为肌肉颜色较深，呈暗红色，故又称“红肉”。日常食用较多的畜肉有猪肉、牛肉和羊肉。

畜肉的蛋白质含量在 10%～20%，具体因动物的品种、年龄、肥瘦程度及部位而异。猪肉的蛋白质平均含量在 15% 左右，牛肉的蛋白质含量高达 20%，而羊肉的蛋白质含量介于猪肉和牛肉之间。注意，不同部位畜肉的肥瘦程度不同，其蛋白质含量有较大差异。畜肉脂肪主要由饱和脂肪酸组成，其中猪肉的脂肪含量最高，羊肉次之，牛肉最低。畜肉的矿物质含量在 1%～2%，其中钾的含量最高，其次是磷。畜肉还是铁、锌、硒等微量元素的重要膳食来源，其吸收率高于植物性食物。畜肉还是维生素的良好膳食来源，其中猪肉的维生素 B_1 含量特别高，而牛肉的烟酸含量较高。

（2）禽肉

禽肉是指家禽类动物的肌肉、内脏等，是高蛋白质、低脂肪的动物性食物，主要包括鸡肉、鸭肉、鹅肉、鹌鹑肉、鸽肉等。禽肉的蛋白质含量在20%左右，其中鸡肉和鹌鹑肉的蛋白质含量在16%～23%，鸭肉的蛋白质含量约为18%。禽肉所含的必需氨基酸种类齐全、数量充足、比例适当，能促进儿童生长发育。禽肉的脂肪含量远低于畜肉，并且容易被人体消化、吸收。禽肉中的矿物质以钾和磷的含量为最多，且内脏的矿物质含量高于肌肉。禽肉的维生素以维生素A和B族维生素为主，内脏的维生素含量也普遍高于肌肉，以肝脏所含的维生素最为丰富，禽肉的维生素含量比畜类要高1～6倍。

鸭肉具有高蛋白质、低脂肪、低胆固醇、富含B族维生素和维生素E以及多种矿物质的特点，是公认的健康动物食品。

（3）鱼肉

鱼肉肉质细嫩、营养丰富、容易消化，是儿童膳食的重要组成部分。鱼肌肉组织中的肌纤维细短，间质蛋白少，因而较嫩，比畜肉、禽肉更易消化。鱼肉的蛋白质含量一般在15%～22%，其含有人体必需的各种氨基酸，尤其富含亮氨酸和赖氨酸。鱼肉还含有一种含硫氨基酸——牛磺酸，牛磺酸能促进婴儿大脑发育，提高眼睛的暗适应能力。鱼肉一般含有1%～10%的脂肪，多由不饱和脂肪酸组成，尤其是二十碳五烯酸（EPA）和二十二碳六烯酸（DHA），二者的比例约占80%，具有降低血脂、预防动脉粥样硬化、抗癌等作用。鱼肉还是维生素A和维生素D的重要膳食来源，也是维生素B_2的良好膳食来源，且维生素E、维生素B_1和烟酸的含量也较高，但几乎不含维生素C。鱼肉的矿物质含量在1%～2%，其中钙、钠、氯、钾、镁的含量颇为丰富，另外海鱼类富含碘。

小贴士

牛磺酸现已成为婴幼儿食品中的营养强化物，如在婴幼儿配方奶粉里添加牛磺酸，会使奶粉营养更接近母乳。

7. 蛋及其制品

蛋主要是指鸡蛋、鸭蛋、鹅蛋、鹌鹑蛋等，蛋制品主要是指咸蛋、松花蛋、鸡蛋粉等。产量最大、食用最普遍、最适合儿童消化和吸收的蛋是鸡蛋。鸡蛋的蛋白质含量约为12%，在蛋黄中较多，而在蛋清中较少。鸡蛋蛋白质的氨基酸模式符合人体所需，生物价高达94%，优于其他动物蛋白。蛋的脂肪大多存在于蛋黄中，其中鸡蛋含有约 10% 的脂肪，包括甘油三酯、胆固醇和以卵磷脂为代表的磷脂。蛋黄中的脂肪大多以与蛋白质结合的良好乳化形式存在，因而消化率、吸收率高。蛋的矿物质和维生素含量也较高：矿物质主要有钙、磷和铁；维生素以维生素 A、维生素 B_2 和烟酸居多，且大部分集中于蛋黄中。

8. 坚果类

坚果通常是指富含油脂的种子类食物。尽管坚果的总脂肪含量很高，但因为几乎一半以上是不饱和脂肪酸（包括单不饱和脂肪酸和多不饱和脂肪酸），而饱和脂肪酸的含量很低，所以有益于人体健康。坚果还含有一定量的植物固醇。坚果含有大量的蛋白质，且富含精氨酸。坚果还富含膳食纤维，每 100 克的坚果含有 4 ~ 11 克的膳食纤维，每 28 克坚果就可以提供每日膳食纤维总需求量的 5% ~ 10%。坚果富含多种维生素，且多存在于外壳与果仁之间的包裹层中，因此包裹层一旦被除去，其补充维生素的作用将大大降低。坚果中钙、镁、钾的含量较高，但是钠的含量较低，当坚果被加工成含盐的食物时，它本身的低盐优势就不存在了。总而言之，完整的、没有加盐的坚果符合儿童的营养需求。

三、儿童常见的不良饮食现象

儿童常见的不良饮食现象主要有以下几种。

1. 挑食、不爱吃饭

（1）喂养过于精细

父母在儿童饮食方面过于注重，一日三餐按照营养食谱来做，必须讲究营养均衡，定时定点给儿童喂食，完全不考虑儿童的喜好和胃口，导致儿童失去了吃饭的乐趣而容易挑食、不爱吃饭（见图 2–1）。

图 2–1　儿童挑食、不爱吃饭

（2）不好的饮食结构或就餐氛围、就餐环境

儿童好动，没有很好的自觉吃饭的意识，很容易就吃很多冷食、水果、零食或者喝很多饮料，这会造成儿童正餐的摄入量减少，这种饮食结构会使儿童养成挑食、不爱吃饭的习惯。如果就餐氛围不浓，吃饭时其他事物对儿童的吸引力较大，则会导致儿童吃饭时注意力不集中。如果就餐环境过于喧闹或者安静，有时也会影响儿童吃饭的心情，导致儿童不爱吃饭。

2. 过饥或者过饱

有的儿童经常吃杂乱的零食，导致正餐的摄入量减少，如果父母没有及时引导、纠正，儿童消化又较快，就会在正餐以外的时间感到饥饿，这对儿童的营养吸收是非常不利的。

有的儿童经常吃得过饱而不加节制，如特别爱吃鱼类、畜禽肉类，而父母经常按其喜好准备饭菜，这种情况下儿童的饭量就会较大，长此以往，容易造成营养过剩，易出现肥胖症等。

3. 重辅食而轻主食

五谷为养、五果为助、五畜为益、五菜为充。但若父母经常让儿童喝牛奶或吃蛋类、肉类、蔬菜类等辅食，却不注重主食杂粮的摄入，通常也会导致儿童体质弱，身体得不到很好的滋养。在中医文化中，人体的五脏六腑主要是靠肠胃消化摄入的食物来得到养护，从而调配人的精气神的，所以儿童一定要多吃主食，这样身体才能很好地吸收辅食的营养。

第四节　儿童运动学知识

一、儿童身体形态的生长发育特点

儿童身体形态有两个生长发育突增期。第一个生长发育突增期是胎儿期和婴幼儿期，胎儿在母体内身高和体重快速增长，出生后两年内增速仍较快，而后增长速度下降并保持稳定。儿童在 10～12 岁进入青春期，这时出现第二个生长发育突增期，在此期间，儿童身高一般年增长 8～10 厘米，体重一般年增长 5～6 千克，这是人体成熟前的一个迅速生长发育阶段，之后身高增长速度逐渐减缓，直到发育成熟，身高停止

增长。在第一个生长发育突增期，人由胎儿期较大头部、较长躯干和较短小四肢的体型，成长为婴幼儿期身体各部位比例较匀称的体形。在第二个生长发育突增期，儿童的下肢先发育，之后是躯干发育，最后逐渐长成头部较小、上半身较短、下肢较长的体型。

二、儿童各器官系统发育与运动的关系

儿童各器官系统的发育特点不同，下面主要介绍运动系统、心血管系统、呼吸系统和神经系统发育与运动的关系。

1. 运动系统发育与运动的关系

儿童的骨骼弹性大而硬度小，关节灵活性大而稳定性差，肌肉弱小且易于疲劳。因此，对于儿童来说，安全有效的运动应以发展灵敏性、柔韧性、协调性的训练为主，不应进行长时间、高强度的力量和耐力训练，否则不利于运动系统发育。

2. 心血管系统发育与运动的关系

儿童的心脏发育得还不够完善，收缩和舒张功能较弱，血管弹性较大。此外，儿童的心血管系统机能还存在一定的性别差异，女孩相比同龄男孩略差，运动时心血管的反应较明显。因此，儿童应进行强度较低的耐力训练，以发展心血管系统。

3. 呼吸系统发育与运动的关系

儿童的肺发育得还不够完善，肺容量较小，肺内组织的弹性较差，呼吸肌的力量较弱，肺通气能力较低，因而易疲劳，不宜进行长时间、高强度的运动。儿童宜进行强度较低的有氧运动，以有效发展肺功能，但要避免憋气和静力训练，同时注意培养用鼻呼吸的习惯，并有意识地加大呼吸的深度，尤其是呼气的深度。

4. 神经系统发育与运动的关系

儿童神经系统发育得较早，在 7 ~ 8 岁时，脑功能便趋于完善并逐渐复杂化，但神经活动的过程仍不稳定，主要表现为兴奋性和灵活性高、抑制过程不足，因此儿童的精细分析能力较差，注意力难以集中，运动时缺乏良好的协调性和精准性，多余动作较多，耐力差，易疲劳。此外，儿童对直观、具体信号的理解能力较强，善于模仿；而对复杂、抽象信号的理解能力较差，综合分析能力发展缓慢（直至 9 岁以后才进一步发展）。针对儿童上述特点，在其运动过程中，家长、老师或儿童体质调理人员宜多采用直观的动作演示及通俗易懂的语言进行指导，运动内容应生动活泼且多样化，避免长时间使用单一的训练方法，并注意适当休息、调整。

三、运动对儿童身心发展的意义

1. 改善身体成分

研究表明，科学、规律的运动有助于促进儿童生长发育和提高儿童健康水平。相比不经常运动的儿童，积极参加各项运动的儿童其身高平均高出约 4 厘米，体重平均重出约 3 千克。同时，长期坚持运动可以减少皮下脂肪的聚集，促进脂肪消耗并增加肌肉重量，明显改善儿童的身体成分，使儿童协调、匀称地发育，促进了形体美，避免肥胖。

2. 强壮骨骼生长

儿童参加科学、规律的各项运动，可明显改善骨骼的营养状况，促进骨骼纵向、横向的生长，提高骨骼的重量和骨密度，有利于其快速长高，同时拥有坚实的骨质。研究表明，经常运动的儿童其股骨骨密质比较少运动的同龄儿童厚 0.5 ~ 3 毫米，且骨松质中骨小梁的排列更整齐，骨骼能够承受更大的压力。

3. 增强肌肉力量

运动加快了血液循环，使肌肉得到更多的营养物质，有助于肌肉的生长发育。同时，儿童参加各项运动可以促进运动神经元的募集，表现为肌肉力量的增强。研究表明，进行系统的、负荷适当的力量训练可以使儿童右手的握力平均每年增长约 5.6 千克，而无训练的同龄儿童平均每年仅增长 1.1 千克。

4. 发展心肺功能

儿童的心血管系统和呼吸系统发育尚不完善，长期处于静坐状态不仅不利于儿童心肺功能的发展，还会增大成年后患心血管疾病的风险，而适度的运动可以提高心肌收缩能力，加大呼吸深度和频率，增加心输出量，发展心肺功能。研究表明，儿童进行规律的有氧运动可以使其每搏输出量、心输出量、射血分数、肺活量等得到明显的提高。

5. 促进大脑发育

运动可以为大脑提供充足的能量和氧气，改善大脑工作的营养供给情况；运动可以使大脑的兴奋与抑制过程合理交替，避免神经系统过度紧张，缓解大脑的疲劳状态；运动可以提高反应速度。因此，运动对于儿童大脑的健康发育和学习能力、运动能力的提高都有非常重要的意义。

6. 培养健康心理

儿童的情绪控制能力和稳定性较差，易受外界干扰而产生心理波动。运动可以丰富儿童的生活，给予其良好的情绪体验；运动可以培养儿童坚忍的意志品质，提升自尊感，缓解抑郁情绪；运动可以教会儿童正确面对输赢，提高抗压能力。可见，运动可以促进儿童形成健康的心理，提高儿童的社会适应能力。

四、儿童运动素质的发展特点

1. 柔韧素质

柔韧素质体现在人体完成各动作时关节的活动范围和伸展能力。儿童的柔韧性较高，但随着年龄的增长，柔韧性逐渐降低。学龄前期是儿童发展柔韧素质的敏感期。所谓敏感期，是指自然增长最快的年龄阶段。在敏感期，通过有效的方法和手段充分利用身体的发育优势，可以发掘身体潜力，达到良好的训练效果。科学、规律的运动对儿童柔韧性的提高至关重要。

2. 速度素质

速度素质可分为反应速度、动作速度和移动速度，分别是指人体对外界信号刺激做出反应的速度、身体完成特定动作的速度以及单位时间内人体所通过的距离。儿童在 6 ~ 12 岁时，反应速度大幅提高，至 12 岁时达到第一次高峰。儿童在 9 ~ 13 岁时，动作速度和移动速度快速提高，由于此时也是协调素质发展的最佳时期，因此合理的运动训练有助于速度素质与协调素质的相互促进、协同提高。儿童进行速度素质的训练时，强度应控制在中低水平，且间歇时间要充足，以确保肌肉的充分恢复。同时，要充分利用柔韧素质、力量素质和协调素质的发展对速度素质的提升作用，重视儿童身体素质的全面训练。

3. 力量素质

力量素质是指人体肌肉收缩和舒张时克服阻力的能力，是人体进行活动的基本要素，其发展的敏感期是女孩 11 ~ 15 岁，男孩 12 ~ 16 岁。一般通过发展速度力量、绝对力量和力量耐力来提高力量素质。学龄前期是速度力量发展的关键时期。绝对力量的发展相对于速度力量较晚。儿童发展力量素质应以速度力量为主，同时可以进行低强度的自重力量训练，并着重发展大肌肉群的力量。儿童进行力量训练时要特别注意避免局部负荷过大，要有渐进性，防止运动损伤。

4. 灵敏素质

灵敏素质反映了人体在迅速变换的条件下，通过快速、准确、协调地改变方向和位置，顺利完成动作的能力，是身体素质在运动过程中的综合体现。儿童在 7 ~ 9 岁时，灵敏素质发展最快，在该阶段协同发展反应能力、动作速度、平衡能力和节奏感，可有利于灵敏素质的提高。在学龄前期，儿童灵敏素质的性别差异不大，但随着青春期的到来，男孩的优势逐渐显现出来，因此应更加重视女孩的灵敏素质训练。可以通过培养多种运动能力和增加多种运动经验来促进儿童灵敏素质的充分发展。

5. 协调素质

协调素质反映了中枢神经系统对肌肉合理而精细的支配能力，7 ~ 13 岁是儿童发展协调素质的敏感期，此时应着重培养儿童的反应能力、高频率活动能力、空间感觉能力、平衡能力及节奏感。在儿童对某组合动作熟练掌握的情况下，可增加其不习惯的组合动作，增加反向训练，加大动作难度，使原有的习惯动作复杂化。此外，还可以通过加大空间距离感觉的训练来提高儿童对动作的控制能力。

6. 耐力素质

耐力素质是指机体在一定时间内保持特定强度、负荷或动作质量的能力，可以分为心肺耐力和肌肉耐力。随着儿童年龄的增长，其心肺功能不断加强，耐力素质也随之提高。耐力素质发展的敏感期是男孩 10 ~ 17 岁，女孩 9 ~ 14 岁和 16 ~ 17 岁。儿童适合进行以提高心肺功能和保持身体健康为目的的低强度有氧训练，且训练内容应具有多样性、趣味性和娱乐性。

第三章

中医理论

第一节 中医养生

在漫长的人类发展史中，健康与长寿一直是人们向往和追求的美好愿望，因而养生文化也在不断丰富和发展。我国传统的中医养生文化有着数千年的历史，其在发展过程中融合了自然科学、人文科学和社会科学的诸多因素，以独特的理论体系为基础，以丰富的临床经验为特点，在世界传统养生文化中独树一帜，为中华民族的繁衍昌盛和保健事业做出了巨大的贡献。

相对于世界其他地区的养生文化而言，探索我国传统的中医养生文化，不但有利于弘扬传统文化，而且符合当今世界科学发展的趋势。

一、中医养生内涵

中医养生内涵体现在预防观、整体观、平衡观、辩证观这四个方面。

1. 未病先防、未老先养的预防观

《黄帝内经》中提到“不治已病治未病”的观点，喻示人们从生命开始就要注意养生，要在健康或亚健康状态下预先采取养生保健措施，以保健防衰和防病于未然。这种居安思危、防微杜渐的哲学思想是中国传统文化的精华。

2. 天人相应、形神兼具的整体观

中医养生理论特别强调人与自然环境、社会环境的协调，讲究体内气化升降，以及心理与生理的协调一致。人既是自然界的人，又是社会中的人。影响健康和疾病的因素既有生物因素又有社会因素和心理因素，这是自古以来就已经明确的客观事实。

3. 调整阴阳、补偏救弊的平衡观

人体在正常生理状态下是应保持阴阳相对平衡的，如果出现一方偏衰或一方偏亢，

人体正常的生理功能就会紊乱，进而出现病理状态。中医养生离不开协调、平衡阴阳的宗旨。

4. 动静有常、和谐适度的辩证观

生命在于运动，运动是生命存在的特征，人体的每一个细胞无时无刻不在运动。人只有保持经常运动，才能增进健康、预防疾病。

二、中医养生法则

中医养生就是“治未病”，是一种通过养精神、调饮食、适寒温等各种方法实现的综合性的强身健体活动。中医养生法则具体如下：天人合一的法则，即养生方法应随着四时的气候变化、寒热温凉做适当的调整；阴阳平衡的法则，即阴是构成身体的物质基础，阳是能量，人之所以会生病就是因为阴阳失去了平衡，造成阳过盛或阴过盛、阴虚或阳虚，中医养生高度强调阴阳平衡；身心合一的法则，即中医养生不但注重有形身体的锻炼保养，还注重心灵的修炼调养，身体会影响心理，心理也会影响身体，二者是一体的两面，缺一不可。

三、中医养生影响因素

中医养生影响因素具体如下：贵在养德，即从人类的身心素质和道德素质的根本点进行修炼；通过有规律的运动达到强身健体、增强意志、促进消化循环、提高免疫力的目的；保持精神、情感以及心理上的健康；注意健康、平衡的饮食。

第二节　经络学说

经络学说是中医基础理论的重要组成部分，是专门研究人体经络系统的组成、循行分布及其生理功能、病理变化，并指导临床实践的理论。经络学说的形成与发展与针灸和推拿疗法的应用有密切的关系，故经络学说也是针灸和推拿疗法的理论核心。中医临床治病明辨病变的脏腑经络、把握疾病的传变以及中药方剂的归经理论等都是以经络学说为基础的。《灵枢·经别》记载：“夫十二经脉者，人之所以生，病之所以成，人之所以治，病之所以起，学之所始，工之所止也。粗之所易，上之所难也。”《扁鹊心书》记载：“学医不知经络，开口动手便错。”经络遍布全身，内属脏腑、外络肢节，沟通内外、贯穿上下，将人体各组织器官联系成为一个有机的整体，并运行气血、营养机体，使人体各部分的功能活动保持协调和相对平衡。经络学说是在阴阳五行学说的指导下，与中医其他基础理论互相影响、互为补充而逐渐发展起来的，但对于经络实质，迄今还不能从形态学上加以证实。

经络的组成见表 3–1。以下重点介绍十二经脉、奇经八脉。

表 3–1　　经络的组成

<table>
<tr><td rowspan="23">经络</td><td rowspan="20">经脉</td><td rowspan="12">十二经脉
（十二正经）</td><td rowspan="6">手经</td><td rowspan="3">三阴</td><td>手太阴肺经</td></tr>
<tr><td>手少阴心经</td></tr>
<tr><td>手厥阴心包经</td></tr>
<tr><td rowspan="3">三阳</td><td>手太阳小肠经</td></tr>
<tr><td>手少阳三焦经</td></tr>
<tr><td>手阳明大肠经</td></tr>
<tr><td rowspan="6">足经</td><td rowspan="3">三阴</td><td>足太阴脾经</td></tr>
<tr><td>足少阴肾经</td></tr>
<tr><td>足厥阴肝经</td></tr>
<tr><td rowspan="3">三阳</td><td>足太阳膀胱经</td></tr>
<tr><td>足少阳胆经</td></tr>
<tr><td>足阳明胃经</td></tr>
<tr><td rowspan="8">奇经八脉</td><td colspan="3">任脉</td></tr>
<tr><td colspan="3">督脉</td></tr>
<tr><td colspan="3">冲脉</td></tr>
<tr><td colspan="3">带脉</td></tr>
<tr><td colspan="3">阴维脉</td></tr>
<tr><td colspan="3">阳维脉</td></tr>
<tr><td colspan="3">阴跷脉</td></tr>
<tr><td colspan="3">阳跷脉</td></tr>
<tr><td rowspan="3">络脉</td><td colspan="4">别络：共十五别络。十二经脉各有一别络，任督二脉各有一别络，脾经另有一大络</td></tr>
<tr><td colspan="4">孙络：别络之分支细小者</td></tr>
<tr><td colspan="4">浮脉：孙络之浮在肌表者</td></tr>
</table>

一、十二经脉

1. 十二经脉的表里关系

十二经脉内连脏腑、外络肢节，各经脉之间还通过分支互相联系，即“外内之应，皆有表里”。具有表里关系的手足三阴经和手足三阳经通过经别（十二经别的简称，是指十二经脉另行别出而循行在身体较深部位的分支）和别络互相沟通，组合成表里相合关系。

互为表里的两条经脉因为络脉属于同一脏腑，因而这一脏一腑在功能上相互配合，在病理上也相互影响。例如，心火可下移小肠，大肠实热，腑气不通，可使肺气不利而喘咳胸满。在治疗上，互为表里的两条经脉的穴位还可以交叉使用，如肺经的穴位可以用来治疗大肠经的疾病，这样就扩大了治疗范围。

2. 十二经脉的走向

十二经脉的走向是有一定规律的。例如，手三阴经从胸腔走向手指末端，交手三阳经；手三阳经从手指末端走向头面部，交足三阳经；足三阳经从头面部走向足趾末端，交足三阴经；足三阴经从足趾末端走向腹腔、胸腔，交手三阴经。这样就构成一个“阴阳相贯，如环无端”的循行路径。

3. 十二经脉的循行路线

（1）手太阴肺经（见图 3–1）

手太阴肺经起于中焦，下络大肠，还循胃口（下口幽门、上口贲门），通过膈肌，属肺，至喉部，横行至胸部外上方（中府），向下沿上肢内侧前缘下行，过肘窝入寸口，循鱼际，直出拇指之端（少商）。

本经脉分支从手腕的后方（列缺）分出，沿手背走向食指桡侧端（商阳），交于手阳明大肠经。

（2）手阳明大肠经（见图 3–2）

手阳明大肠经起于食指桡侧端（商阳），经过手背行于上肢外侧前缘，上行至肩关节前缘，向后到第七颈椎棘突下（大椎），再向前，入锁骨上窝（缺盆），进入胸腔，络肺，向下通过膈肌下行，属大肠。

本经脉分支从锁骨上窝上行，经颈部至面颊，入下齿中，回出挟口两旁，左右交叉于人中，至对侧鼻翼旁（迎香），交于足阳明胃经。

（3）足阳明胃经（见图 3–3）

足阳明胃经起于鼻翼旁（迎香），挟鼻上行，左右侧交会于鼻根部，旁行入目内眦，与足太阳经相交，向下沿鼻柱外侧入上齿中，还出，挟口两旁，环绕嘴唇，在颏

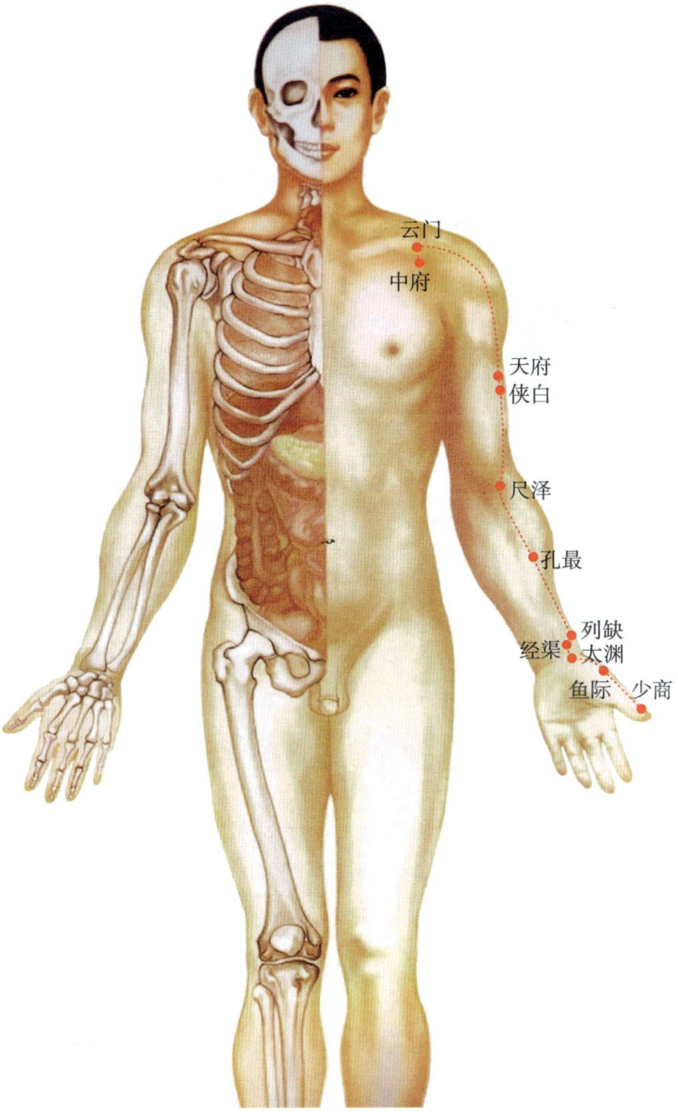

图 3-1　手太阴肺经

唇沟（承浆）左右相交，退回沿下颌骨后下缘到大迎，沿下颌角上行过耳门（别称耳前），经过上关（别称客主人），沿发际到额前。

本经脉分支从大迎下行到人迎，沿喉咙向下后行至大椎，折向前行，入缺盆，深入体腔，下行穿过膈肌，属胃，络脾。直行者从缺盆出体表，沿乳中线下行，挟脐两旁（旁开 2 寸），下行至腹股沟处的气冲（别称气街）。本经脉又一分支从胃下口幽门处分出，沿腹腔内下行到气冲，与直行之脉会合，而后沿大腿前侧下行，至膝膑，沿下肢胫骨前缘下行至足背，入足第二趾外侧端（厉兑）。本经脉又一分支从膝下 3 寸处（足三里）分出，下行入足中趾外侧端。本经脉又一分支从足背（冲阳）分出，前行入足大趾内侧端（隐白），交于足太阴脾经。

（4）足太阴脾经（见图 3–4）

足太阴脾经起于足大趾内侧端（隐白），沿足内侧赤白肉际，上行过内踝前缘，沿小腿内侧正中线上行，在内踝上 8 寸处，交出足厥阴肝经之前，上行沿大腿内侧前缘，进入腹部，属脾，络胃，向上穿过膈肌，沿食道两旁，连舌本，散舌下。

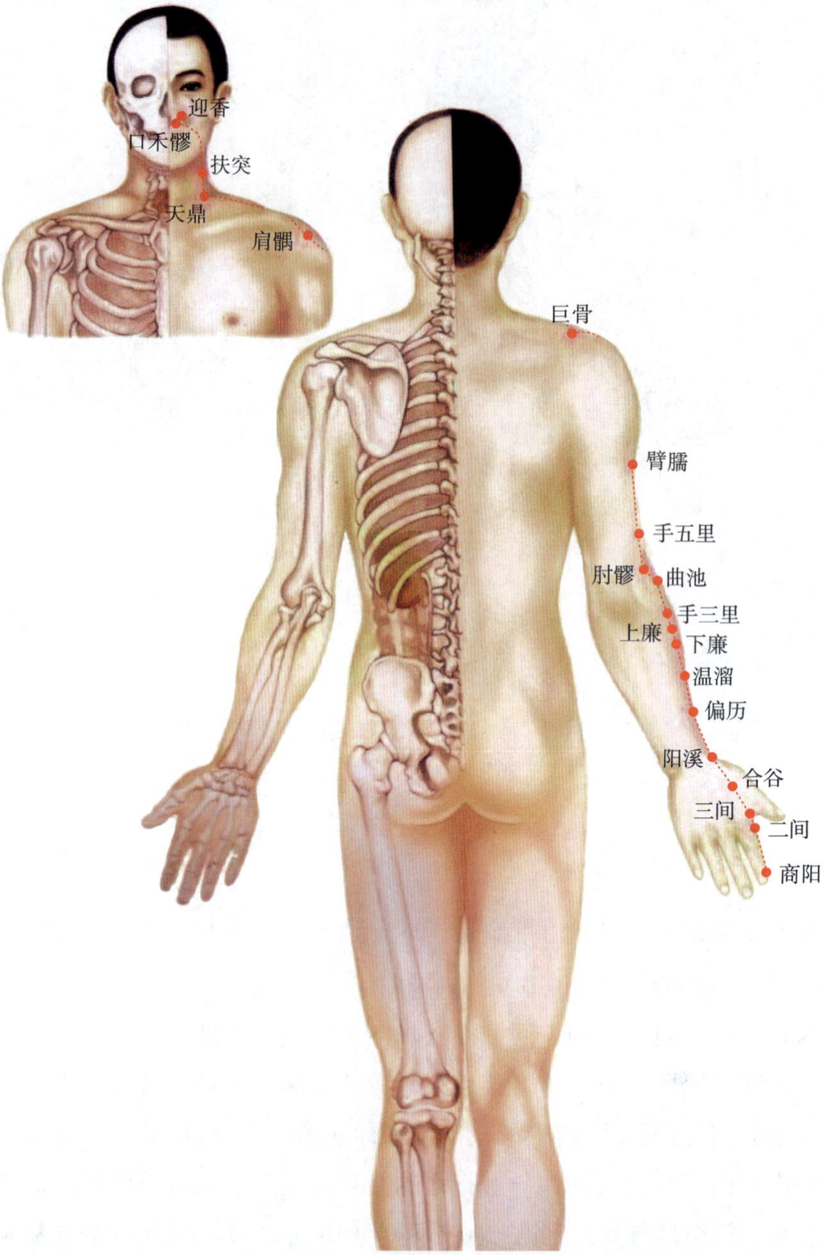

图 3–2　手阳明大肠经

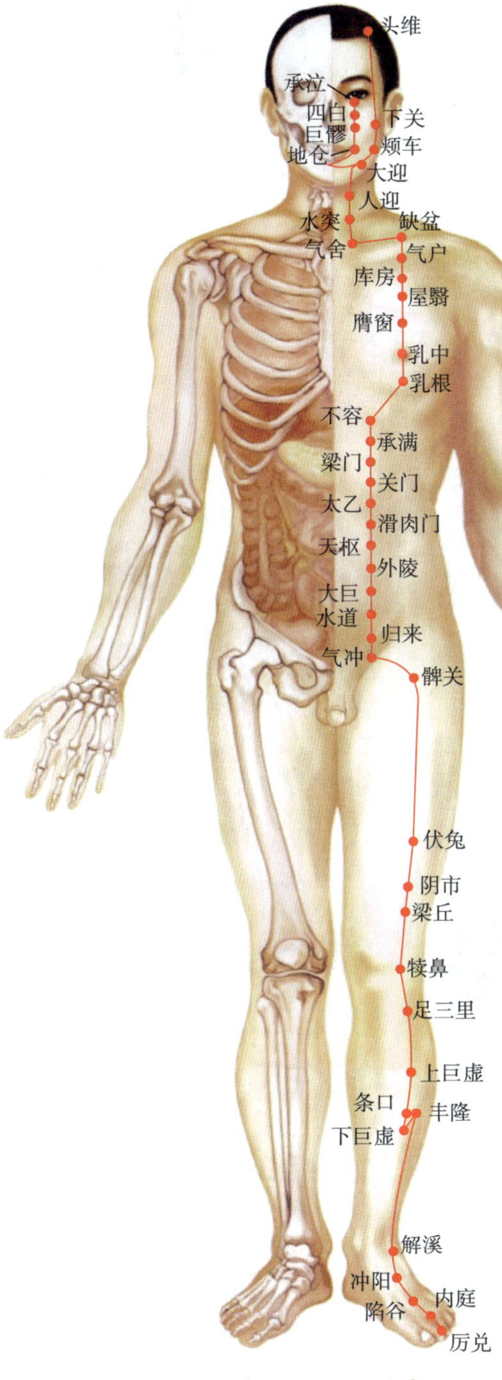
头维
承泣
四白
下关
巨髎
颊车
地仓
大迎
人迎
水突
缺盆
气舍
气户
库房
屋翳
膺窗
乳中
乳根
不容
承满
梁门
关门
太乙
滑肉门
天枢
外陵
大巨
水道
归来
气冲
髀关
伏兔
阴市
梁丘
犊鼻
足三里
上巨虚
条口
丰隆
下巨虚
解溪
冲阳
内庭
陷谷
厉兑

图 3-3　足阳明胃经

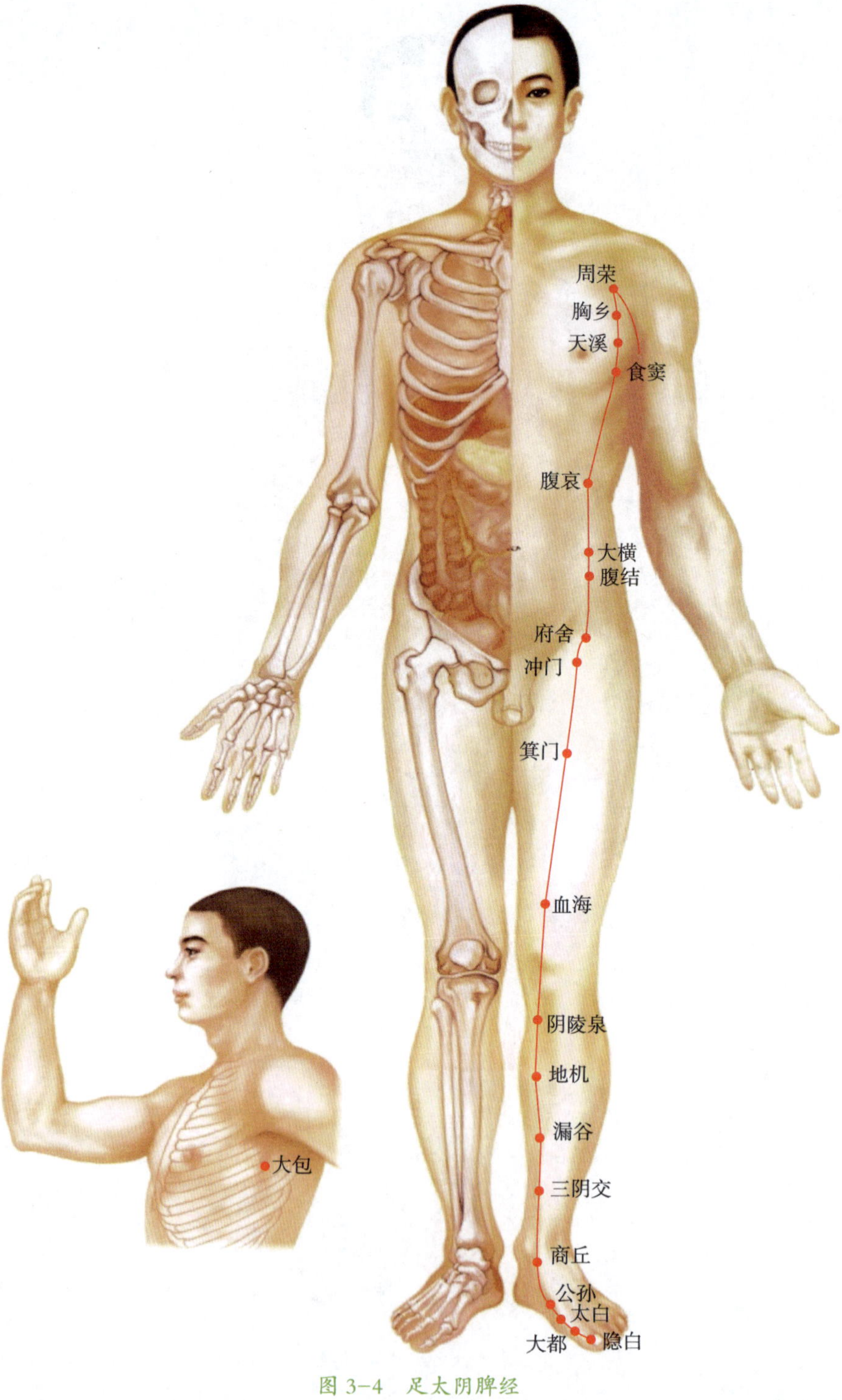

图 3-4　足太阴脾经

本经脉分支从胃别出，上行通过膈肌，注入心中，交于手少阴心经。

（5）手少阴心经（见图 3–5）

手少阴心经起于心中，走出后属心系，向下穿过膈肌，络小肠。

本经脉分支从心系分出，挟食道上行，连于目系。直行者从心系出来，退回上行经肺，向下浅出腋下（极泉），沿上肢内侧后缘，过肘中，经掌后锐骨端，入掌中，沿小指桡侧，出小指桡侧端（少冲），交于手太阳小肠经。

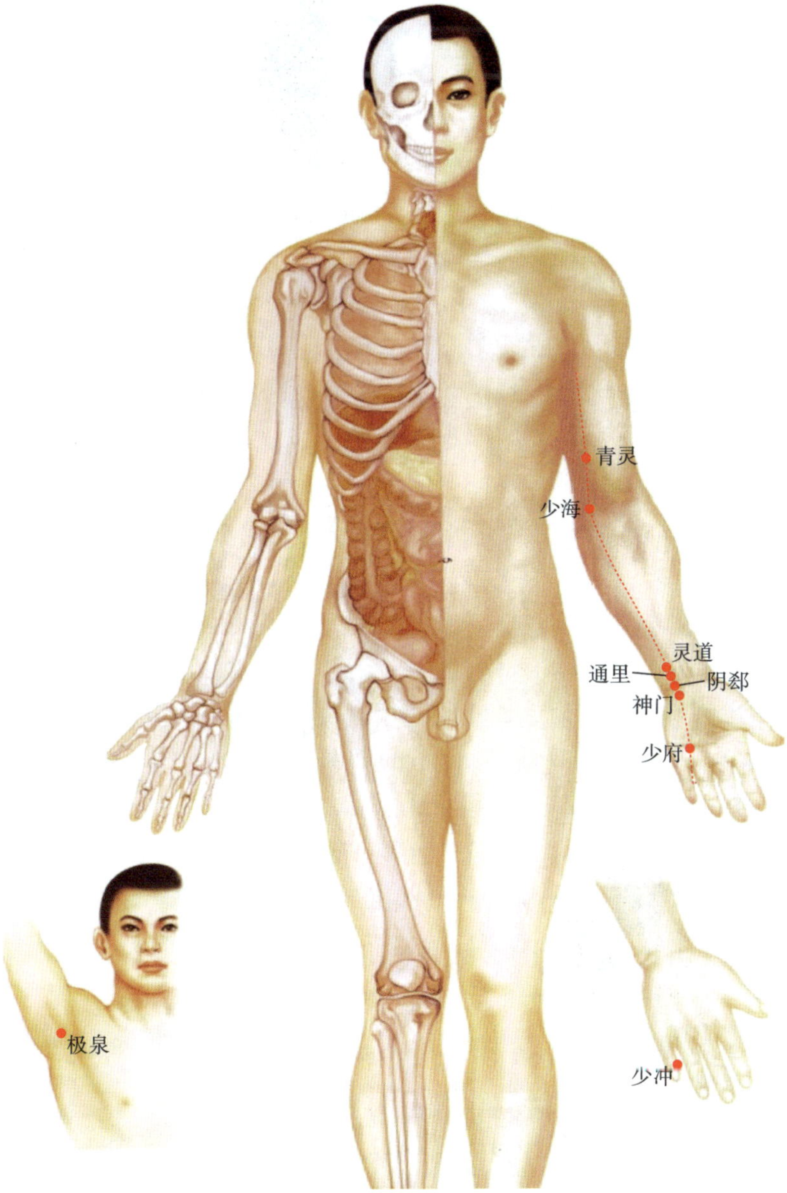

图 3–5　手少阴心经

（6）手太阳小肠经（见图 3–6）

手太阳小肠经起于小指外侧端（少泽），沿手背、上肢外侧后缘过肘部，到肩关节后面，绕肩胛部，交肩上（大椎），前行入缺盆，深入体腔，络心，沿食道，穿过膈肌，到达胃部，下行，属小肠。

本经脉分支从缺盆出来，沿颈部上行到面颊，至目外眦后，退行进入耳中（听宫）。本经脉又一分支从面颊部分出，向上行于眼下，至目内眦（睛明），交于足太阳膀胱经。

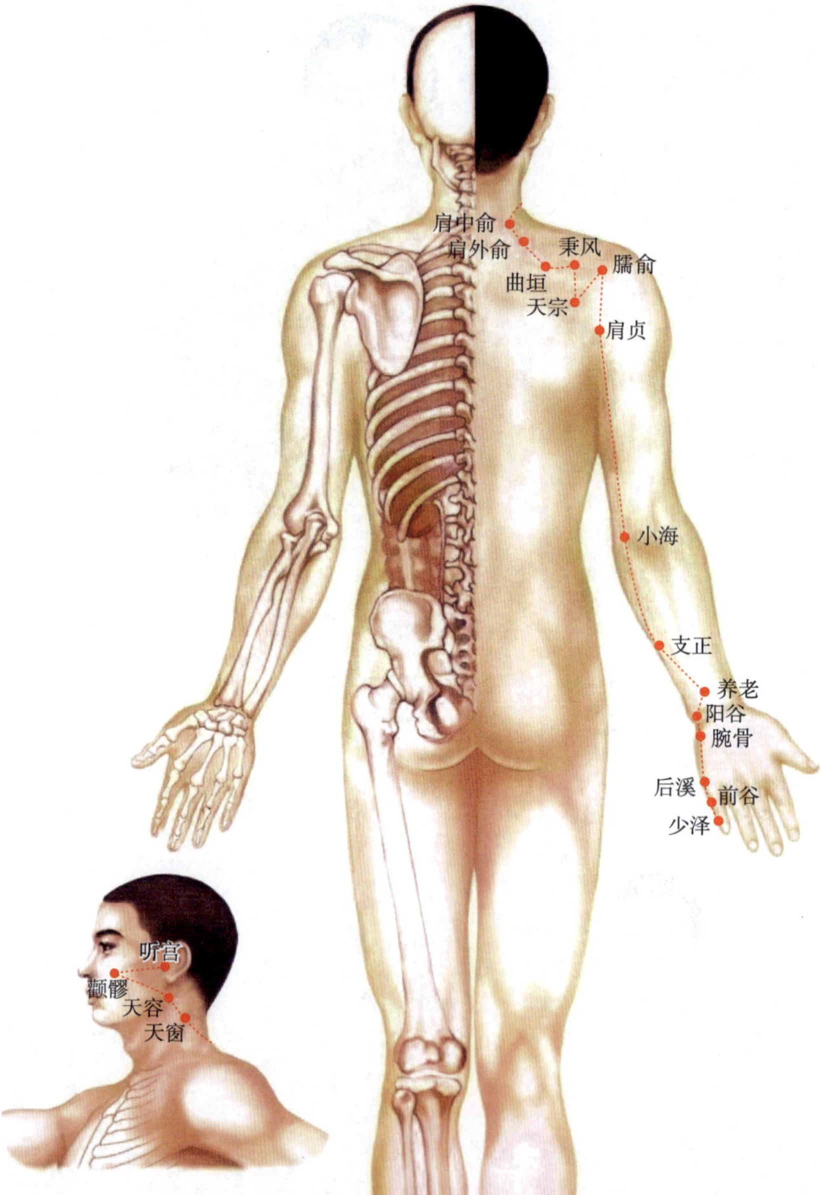

图 3–6　手太阳小肠经

（7）足太阳膀胱经（见图 3–7）

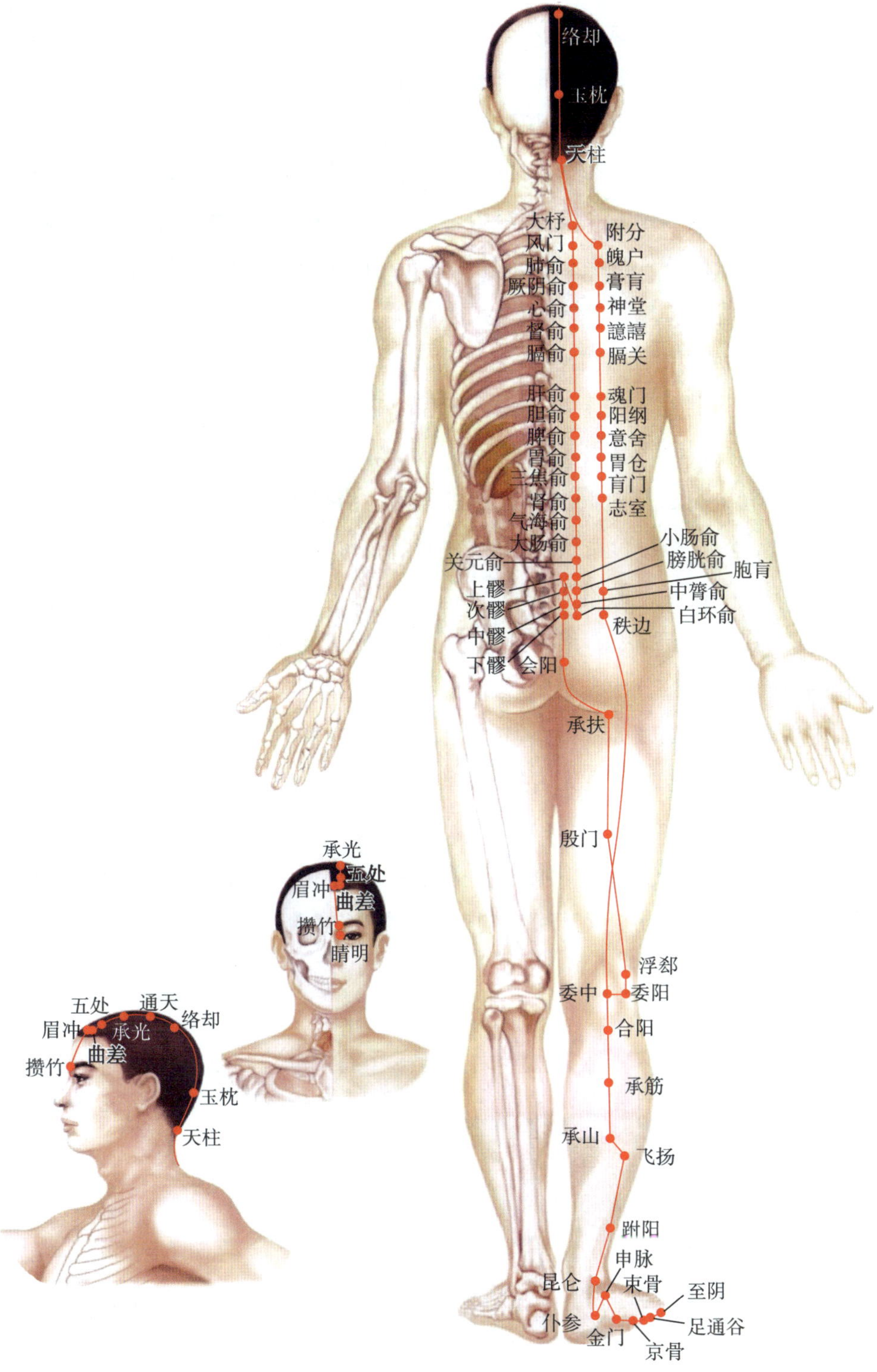

图 3–7　足太阳膀胱经

足太阳膀胱经起于目内眦（睛明），向上到达额部，左右交会于头顶部。

本经脉分支从头顶部分出，到耳上角部。直行者从头顶部向后行至枕骨处，进入颅腔，络脑，回出下行到项部（天柱），继续下行交会于大椎，再分别从左右沿肩胛内侧、脊柱两旁（1.5 寸）到达腰部（肾俞），进入脊柱两旁的肌肉（膂），深入体腔，络肾，属膀胱。本经脉又一分支从腰部分出，沿脊柱两旁下行，穿过臀部，从大腿后侧外缘行至腘窝中（委中）。本经脉又一分支从左右肩胛内侧分别下行，从附分挟脊（3 寸）下行至髀枢，经大腿后侧至腘窝中，与前一支脉会合，然后下行穿过腓肠肌，出走于足外踝后，沿足背外侧缘至小趾外侧端（至阴），交于足少阴肾经。

（8）足少阴肾经（见图 3–8）

足少阴肾经起于足小趾之下，斜行于足心（涌泉），出行于舟骨粗隆之下，沿内踝后缘，分出进入足跟，向上沿小腿内侧后缘，至腘内侧，上行沿股内侧后缘入脊内（长强），穿过脊柱，属肾，络膀胱。

直行者从肾上行，穿过肝和膈肌，进入肺，沿喉咙到舌根两旁。本经脉分支从肺中分出，络心，注于胸中，交于手厥阴心包经。

（9）手厥阴心包经（见图 3–9）

手厥阴心包经起于胸中，出属心包络，向下穿过膈肌，依次络于上、中、下三焦。

本经脉分支从胸中分出，沿胸腔出胁部至腋下 3 寸处（天池），向上至腋窝下，沿上肢内侧中线入肘，过腕部，入掌中（劳宫），沿中指桡侧出中指桡侧端（中冲）。本经脉又一分支从掌中分出，沿无名指出其尺侧端（关冲），交于手少阳三焦经。

（10）手少阳三焦经（见图 3–10）

手少阳三焦经起于无名指尺侧端（关冲），上至手腕背面，出于尺骨、桡骨之间，穿过肘尖，沿上臂外侧向上至肩部，向前行入缺盆，布于膻中，散络心包，穿过膈肌，依次属上、中、下三焦。

本经脉分支从膻中分出，上行出缺盆，至肩部，左右交会于大椎，上行到项部，沿耳后（翳风）直上出耳上角，然后屈曲向下经面颊部至目眶下。本经脉又一分支从耳后（翳风）分出进入耳中，出走耳前，经上关前行，在面颊部与前一分支相交，至目外眦（瞳子髎），交于足少阳胆经。

（11）足少阳胆经（见图 3–11）

足少阳胆经起于目外眦（瞳子髎），上至头角（颔厌），再向下到耳后（完骨），再折向上行，经额部至眉上（阳白），又向后折至风池，沿颈下行至肩上，左右交会于大椎，前行入缺盆。

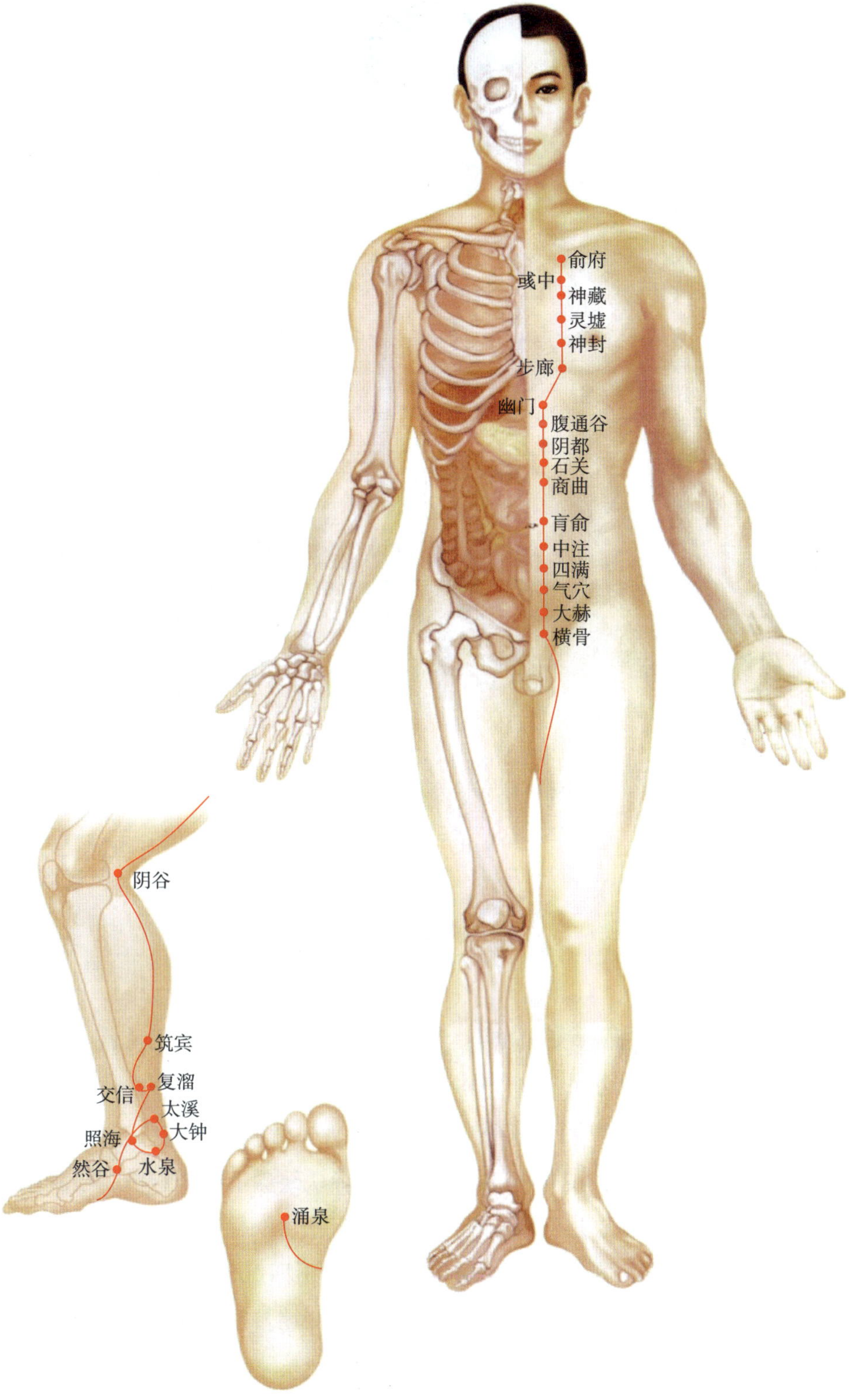
俞府
彧中
神藏
灵墟
神封
步廊
幽门
腹通谷
阴都
石关
商曲
肓俞
中注
四满
气穴
大赫
横骨
阴谷
筑宾
复溜
交信
太溪
照海
大钟
然谷
水泉
涌泉

图 3-8 足少阴肾经

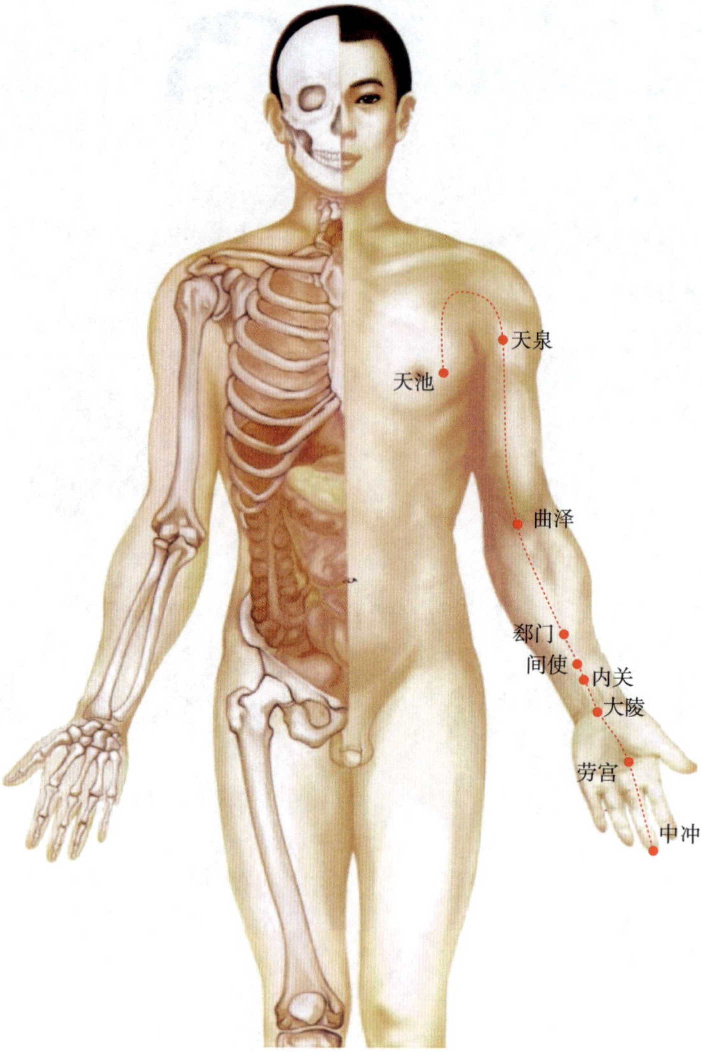

图 3-9　手厥阴心包经

本经脉分支从耳后进入耳中，出走于耳前，至目外眦后方。本经脉又一分支从目外眦分出，下行至大迎，同手少阳三焦经分布于面颊部的支脉相合，行至目眶下，向下经下颌角部下行至颈部，与前脉合于缺盆后，进入体腔，穿过膈肌，络肝，属胆，沿胁里浅出气街，绕毛际，横向至环跳处。直行者从缺盆下行至腋窝，沿胸侧部，过季肋，下行至环跳处与前脉会合，再向下沿大腿外侧，出膝关节外缘，行于腓骨前面，直下至腓骨下端，浅出外踝之前，沿足背行出于足第四趾外侧端（足窍阴）。本经脉又一分支从足背（足临泣）分出，前行出足大趾外侧端，折回穿过爪甲（指趾甲，下同），分布于足大趾爪甲后丛毛处，交于足厥阴肝经。

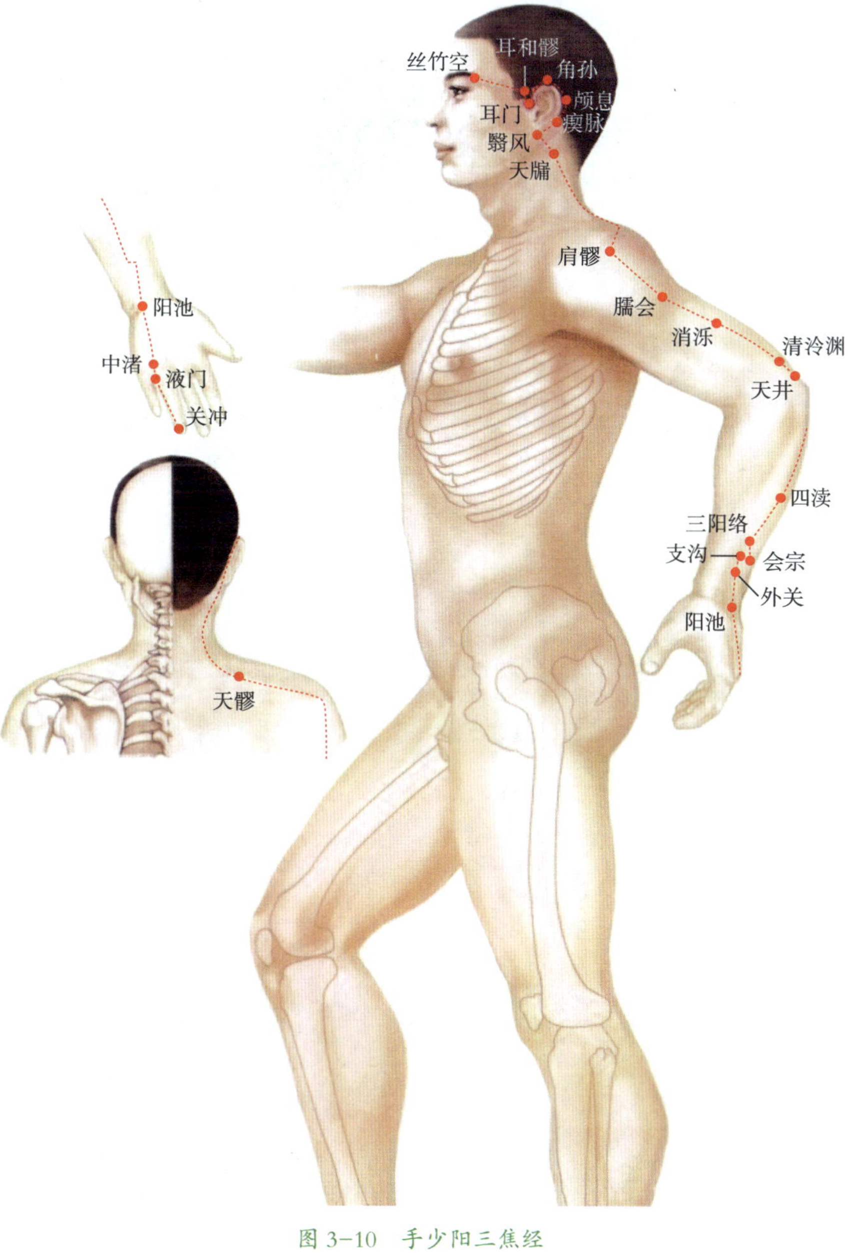

图 3-10　手少阳三焦经

（12）足厥阴肝经（见图 3-12）

足厥阴肝经起于足大趾爪甲后丛毛处，向上沿足背至内踝前 1 寸处（中封），沿胫骨内缘上行至内踝上 8 寸处，交足太阴脾经之后上行过膝内侧，沿大腿内侧中线进入阴毛中，绕阴器至小腹，挟胃两旁，属肝，络胆，向上穿过膈肌，分布于胁肋部，沿喉咙的后边向上进入鼻咽部，上行连接目系，出于额部，上行与督脉交会于头顶部。

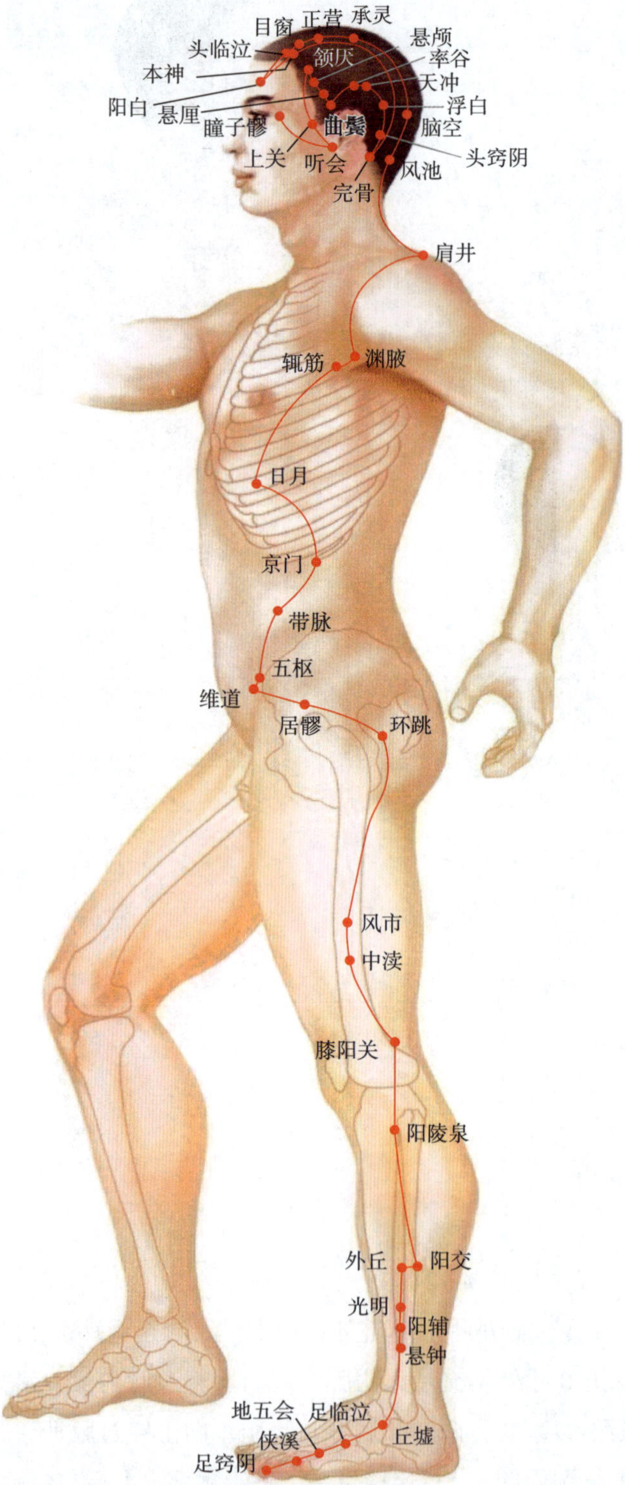
目窗
正营
承灵
头临泣
悬颅
颔厌
率谷
本神
天冲
阳白
浮白
悬厘
瞳子髎
曲鬓
脑空
上关
听会
头窍阴
风池
完骨
肩井
辄筋
渊腋
日月
京门
带脉
五枢
维道
居髎
环跳
风市
中渎
膝阳关
阳陵泉
外丘
阳交
光明
阳辅
悬钟
地五会
足临泣
侠溪
丘墟
足窍阴

图 3-11 足少阳胆经

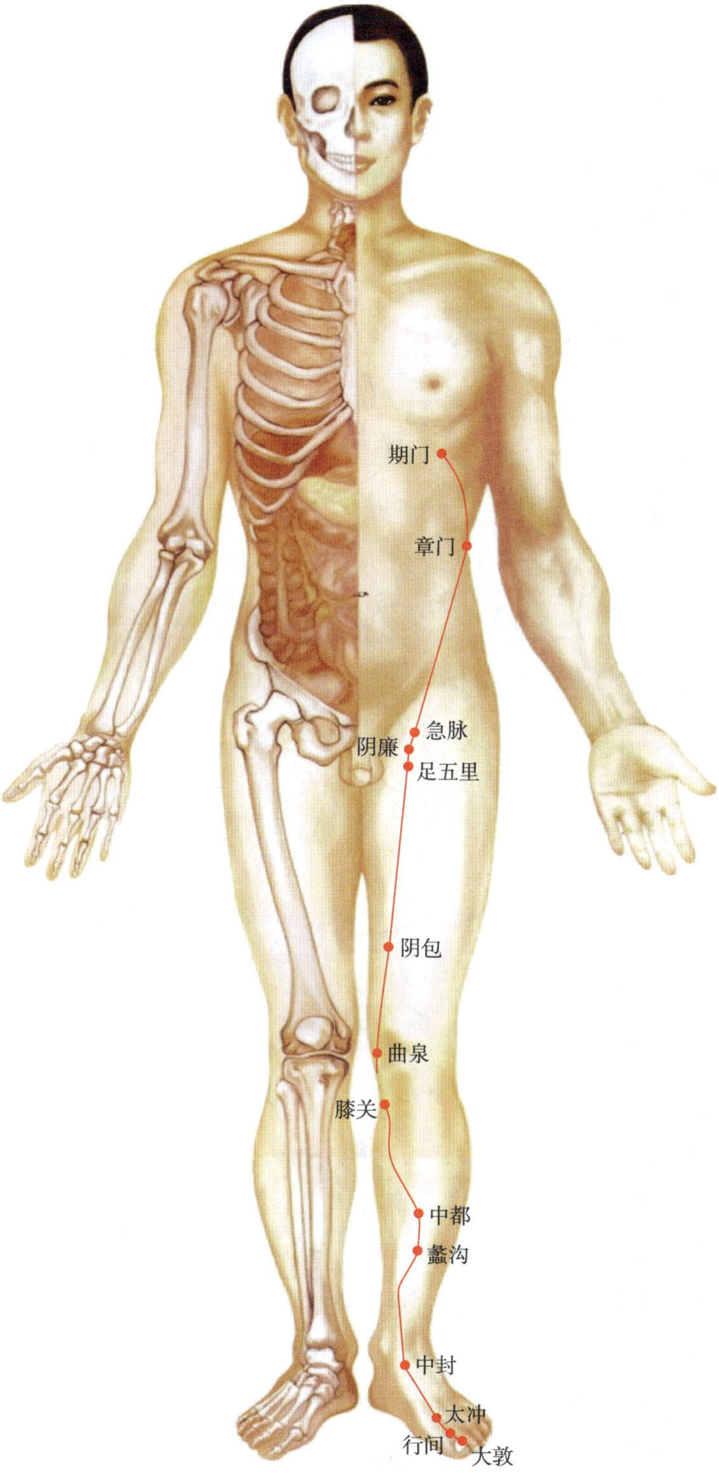

图 3-12　足厥阴肝经

本经脉分支从目系分出，下行于颊里，环绕唇内。本经脉又一分支从肝分出，穿过膈肌，向上入肺，交于手太阴肺经。

二、奇经八脉

奇经八脉是督脉、冲脉、任脉、带脉、阴跷脉、阳跷脉、阴维脉、阳维脉的总称。

1. 督脉（见图 3–13）

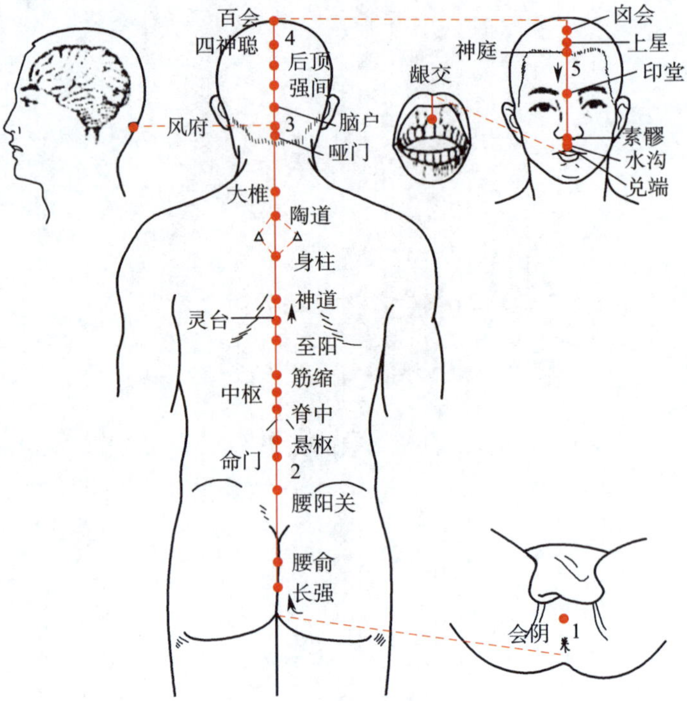

图 3–13　督脉

（1）循行部位

督脉起于胞中，下出会阴，沿脊柱内部上行，至项后风府处进入颅内，络脑，并由项部沿头部正中线，经头顶、额部、鼻部、上唇行至上唇系带处。

本经脉分支从脊柱内分出，属肾。本经脉又一分支从小腹内部直上，贯脐中央，上贯心，到喉部，再向上到下颌部，环绕口唇，向上至两眼下部的中央。

（2）基本功能

督，有总管、统率的意思。督脉行于背部正中央，其脉多次与手足三阳经及阳维脉交会，能总督一身之阳经，故又称“阳脉之海”。督脉行于脊柱内部，上行入脑，并从脊柱内分出一支属肾，所以与脑、脊髓和肾有密切的联系。

2. 冲脉（见图 3–14）

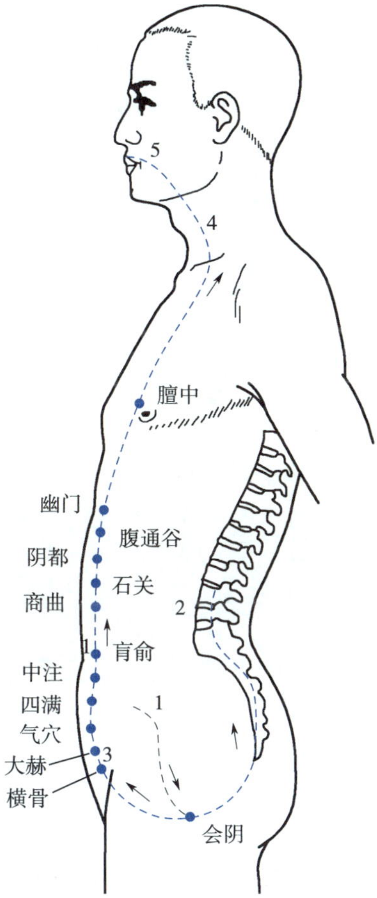

图 3–14　冲脉

（1）循行部位

冲脉起于胞中，下出会阴，从气街处起与足少阴肾经相并，挟脐上行，散入胸中，上达咽喉，环绕口唇。

本经脉分支与足少阴肾经之大络同起于肾，向下从气街处浅出体表，沿大腿内侧进入腘窝，再沿胫骨内缘下行至足底。本经脉又一分支从内踝后分出，向前斜入足背，进入足大趾。

（2）基本功能

冲，有要冲（重要的地方）的意思。冲脉上至头、下至足，贯穿全身，成为气血的要冲，能调节十二经气血，故有“十二经脉之海”之称。冲脉又称“血海”，与女性的月经有密切关系。

3. 任脉（见图 3–15）

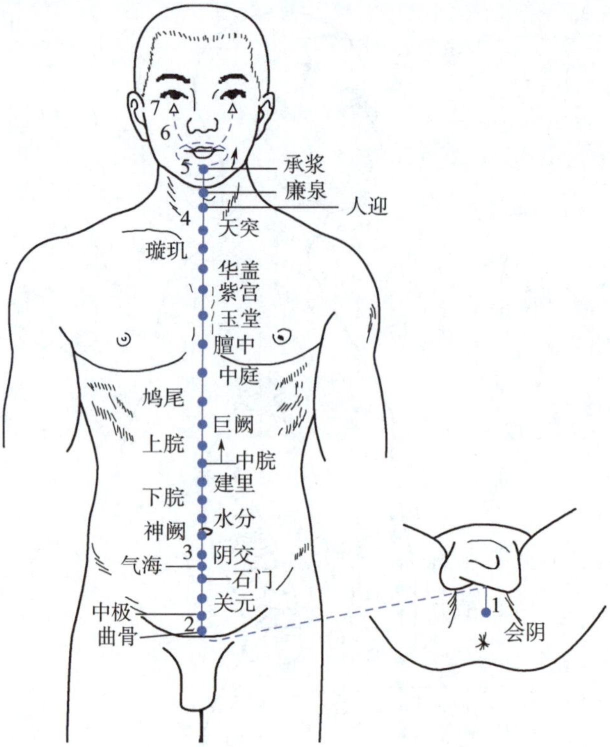

图 3–15 任脉

（1）循行部位

任脉起于胞中，下出会阴，经阴阜，沿腹内向上经过关元等穴，到达咽喉部，再上行环绕口唇，经过面部进入目眶下（承泣），交于足阳明胃经。

（2）基本功能

任脉调节阴经气血，故有“阴脉之海”之称。任脉起于胞中，具有调节月经、改善女子生殖功能的作用，故又有“任主胞胎”之说。

4. 带脉（见图 3–16）

（1）循行部位

带脉起于季胁，斜向下行至带脉，绕身一周，并在带脉处再向前下方沿髋骨上缘斜行至少腹。

（2）基本功能

带脉围腰一周，犹如束带，能约束纵行诸脉。

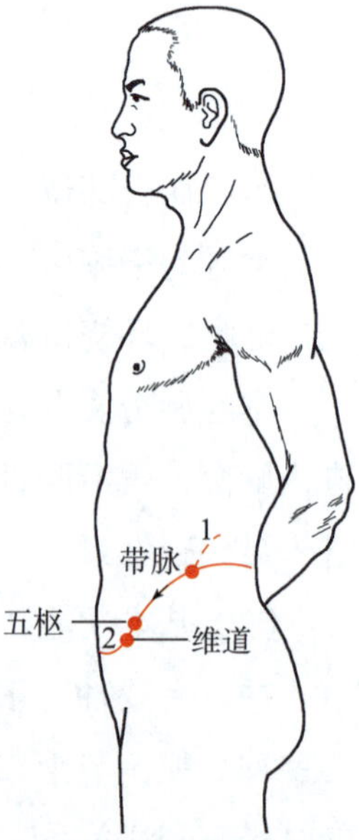

图 3–16 带脉

5. 阴跷脉和阳跷脉（见图 3–17）

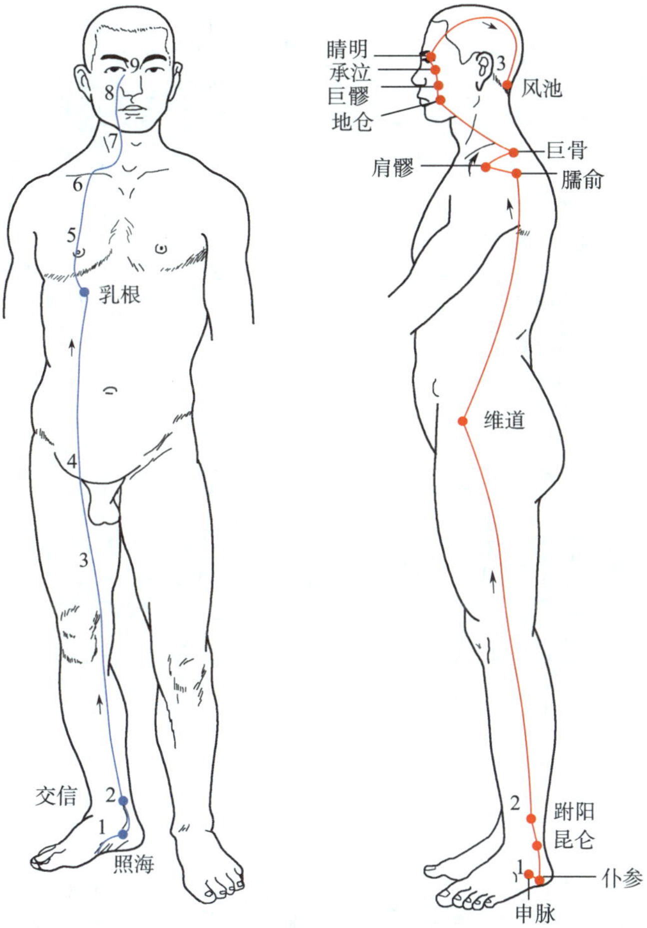

图 3–17　阴跷脉（蓝色）和阳跷脉（红色）

（1）循行部位

跷脉左右成对。阴跷脉、阳跷脉均起于足踝下。

阴跷脉从内踝下方照海分出，沿内踝后直上下肢内侧，经前阴部，沿腹部、胸部进入缺盆，出行于人迎之前，经鼻旁至目内眦，与手足太阳经、阳跷脉交会。

阳跷脉从外踝下申脉分出，沿外踝后上行至腹部，沿胸部后外侧上行，经肩部、颈外侧上挟口角，到达目内眦，与手足太阳经、阴跷脉交会，再上行进入发际，向下到达耳后，与足少阳胆经会于项后（风池）。

（2）基本功能

阴跷脉、阳跷脉有濡养眼目、司眼睑之开合和下肢运动的功能。古人还有阴跷脉、阳跷脉“分主一身左右之阴阳”之说。

6. 阴维脉和阳维脉（见图 3–18）

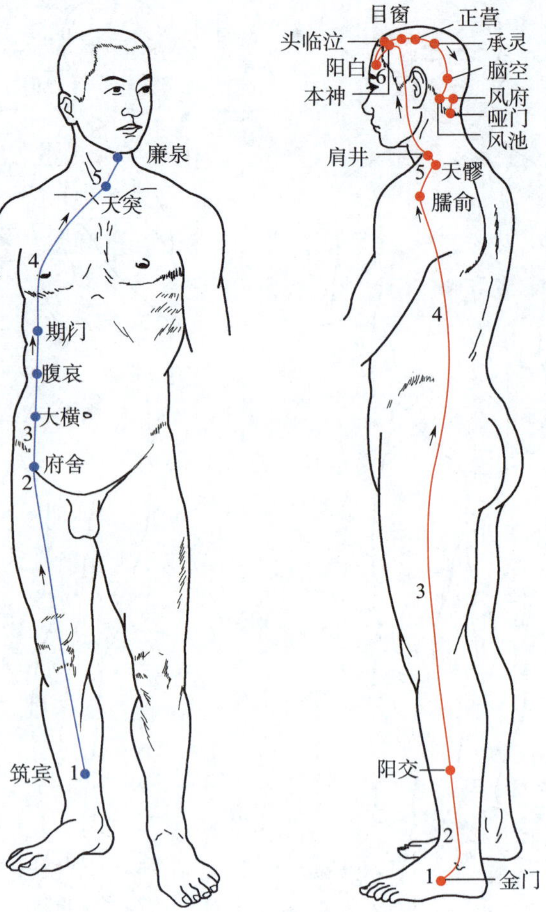

图 3–18 阴维脉（蓝色）和阳维脉（红色）

（1）循行部位

阴维脉起于小腿内侧足三阴经交会之处，沿下肢内侧上行至腹部，与足太阴脾经同行，到胁部，与足厥阴肝经交会，然后上行至咽喉，与任脉交会。

阳维脉起于外踝下，与足少阳胆经并行，沿下肢外侧向上，经躯干部后外侧上行，从腋后上肩，经颈部、耳后前行至额部，分布于头顶及项后，与督脉交会。

（2）基本功能

维，有维系的意思。阴维脉的功能是“维络诸阴”，阳维脉的功能是“维络诸阳”。

三、总结

任督二脉各有其所属穴位，故与十二经脉合称为“十四经”。十四经具有一定的循行路线、病候及所属穴位，是经络系统的主要部分，是临床上进行针灸治疗及药物归经的基础。

第四章

儿童推拿

第一节　基础知识

一、儿童推拿常用介质与手法

1. 常用推拿介质

在推拿时，为了减轻摩擦、避免皮肤损伤、提高治疗效果，常选用一些物质作为辅助，这些物质称为介质。一般根据推拿者的习惯、经验以及季节，结合儿童的具体情况，合理选用推拿介质。在夏季，可以选用一些具有活血化瘀、消肿止痛、散风祛湿等功效的擦剂，如红花油、痛肿灵等；在秋季、冬季和春季，一般用滑石粉作为推拿介质，润滑效果较好。

2. 常用推拿手法

常用的基本推拿手法可分为按压类、摆动类、摩擦类、捏拿类、捶振类和活动关节类，各类手法所起的作用不同，具体可根据养生需要选用不同的推拿手法。

（1）按压类手法

按压类手法包括按法、揉法、点法、压法、掐法等。例如，按法是指将手指或掌面置于体表后逐渐用力下压。按法又分为指按法和掌按法。用拇指（较常用）或食指、中指、无名指的指端或指腹按压的手法称为指按法；用掌根、鱼际或全掌按压的手法称为掌按法，其作用面较大，但局部刺激强度弱于指按法。按法常与其他手法结合使用，如与揉法结合称为按揉法。

（2）摆动类手法

摆动类手法包括一指禅推法（包括缠法）、滚法等，是指通过腕部有节奏的摆动使轻重压力交替地作用于肌体的一类手法。例如，实施一指禅推法时，医者必须沉肩、垂肘、屈腕，以拇指指端或指腹为着力点，通过腕部的摆动和拇指关节的屈伸活动紧推慢移，使力量持续地作用于经络穴位或患处。一指禅推法的摆动频率一般是 120 ~ 200 次 / 分钟。摆动类手法接触面小、渗透力强，可广泛用于全身各部位的穴位上。

（3）摩擦类手法

摩擦类手法是指在皮肤表面采用摩擦方式进行的一类手法，包括摩法、擦法、运法等。其中，擦法是最常用的摩擦类手法，是指将手掌紧贴于皮肤表面，稍用力做来回直线摩擦，使皮肤局部发热。擦法又分为掌擦法、鱼际擦法、侧擦法等。用全掌着力摩擦的手法称为掌擦法，适用于胸胁及腹部；用大鱼际着力摩擦的手法称为鱼际擦法，适用于四肢；用小鱼际着力摩擦的手法称为侧擦法，适用于肩背、腰臀及下肢。运法是指以拇指或食指、中指指腹在皮肤表面做环形或弧形移动。《备急千金要方》记载的“老子按摩法”所提到的“掘”，就是两手握成拳，用拳背在脊柱两旁施行的擦法。

（4）捏拿类手法

捏拿类手法包括拿法、捏法、挤法、拧法、扭法、扯法等。例如，拿法是指以拇指与其他四指相对，捏住某一部位或穴位进行提、拿、揉、捏的手法，该法适用于肩背及四肢的推拿。

（5）捶振类手法

捶振类手法是指以拍击的方式作用于肌体，或使肌体产生振动感应的一类手法，包括拍法、击法、叩法、捶法、啄法、捣法、振法等。其中，拍法是指用虚掌或手指有节律地平稳拍打体表的一定部位，有单手拍和双手拍两种；击法是指用空拳、手指、手掌尺侧部或桑枝棒由轻到重进行有节奏的敲打；叩法操作同击法，但用力较重；捶法是指用拳或手掌尺侧部有节奏地击打治疗部位，用力较击法轻；啄法是指五指紧拢或稍分开，用指端快速叩击调理部位，如鸡啄状；捣法是指屈曲食指或中指，以近端指间关节的背面轻轻叩击穴位；振法是指以振动力作用于损伤部位，使该部位产生震颤感。这些手法适用于肩背及四肢。

（6）活动关节类手法

活动关节类手法是指对患者的肢体关节进行屈伸、内收或外展、旋转、牵拉等的一类手法。活动关节类手法包括摇法、拉法、扳法等，可根据关节结构特点和调理需要选用。其中，摇法是指以关节为轴、使肢体做环转运动的手法，适用于颈部、腰部及四肢关节。大幅度地转摇又称盘法。操作时，要先使患者肌肉尽量放松，活动关节的幅度、力量要恰当，不可突然强力牵拉，以免加重肌肉痉挛和引起损伤。活动关节类手法如图 4-1 所示。

图 4-1 活动关节类手法

二、儿童推拿操作

1. 开天门

（1）位置

两眉中间（即眉心）至前发际，成一直线。

（2）方法

用双手拇指指腹轻轻地、交替地自眉心直推至前发际处，一般做直线推动 150 次，如图 4–2 所示。

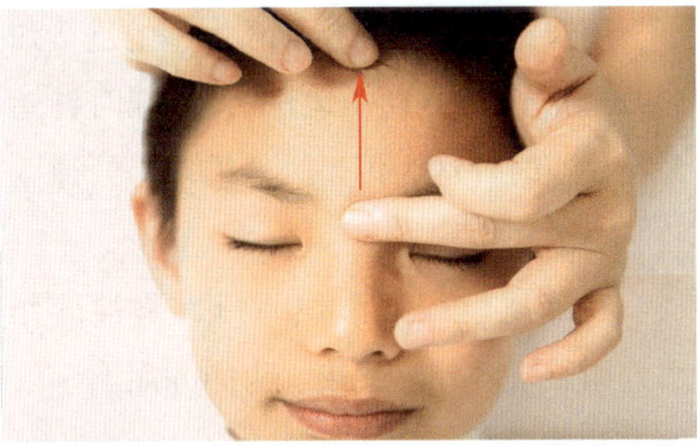

图 4–2 开天门的方法

（3）作用

有活气血、调阴阳、祛风解表、开窍醒脑、镇静安神的作用，可用于缓解头痛、外感发热、惊风等症。

2. 推坎宫

（1）位置

自眉头至眉梢，成一横线。

（2）方法

用双手拇指侧面或指腹从印堂沿着眉毛向眉梢分推，一般做直线推动 150 次，如图 4–3 所示。

（3）作用

有疏风解表、醒脑明目的作用，用于缓解外感发热、头痛、目赤等症。

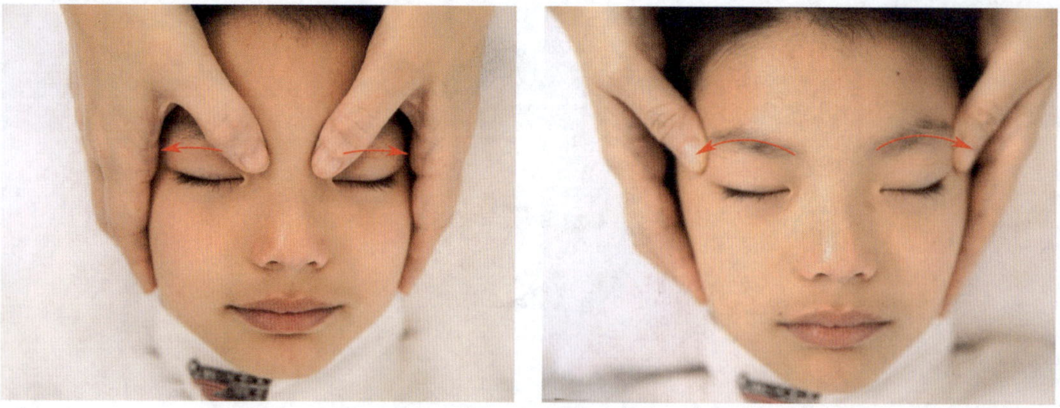

图 4-3　推坎宫的方法

3. 运太阳

（1）位置

太阳在眉梢与眼角延长线相交处，即眉后按之凹陷处，如图 4–4 所示。

（2）方法

用拇指或中指的指腹在太阳上进行弧形或环形运转推动（运法），以顺时针运为补、逆时针运为泻，一般推拿 1 分钟。

（3）作用

有疏风解表、清热明目、醒神的作用，用于缓解外感发热、头痛等症。

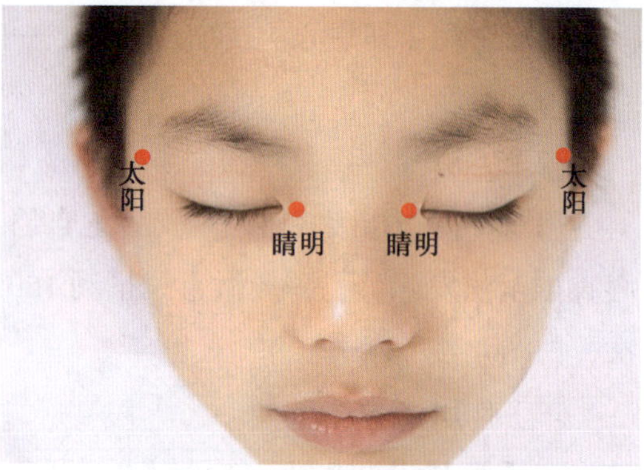

图 4–4　太阳和睛明的位置

4. 按睛明

（1）位置

睛明在目内眦角稍上方凹陷处，如图 4–4 所示。

（2）作用

使眼睛明亮，消除眼疲劳。

5. 揉耳后高骨

（1）位置

耳后凸出的一块高骨。

（2）方法

用食指指腹按住耳后高骨，一般轻揉 2 分钟，如图 4–5 所示。

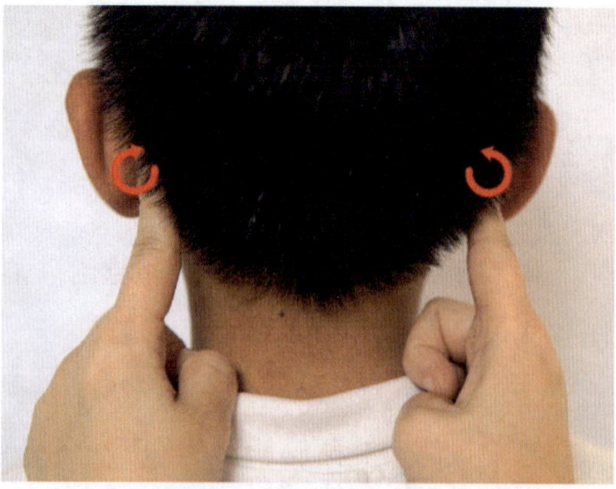

图 4–5　揉耳后高骨的方法

（3）作用

有清凉解表的作用，用于缓解感冒、头痛、神昏、烦躁等症。

6. 推天柱骨

（1）位置

颈后发际正中至大椎，成一竖线，如图 4–6 所示。

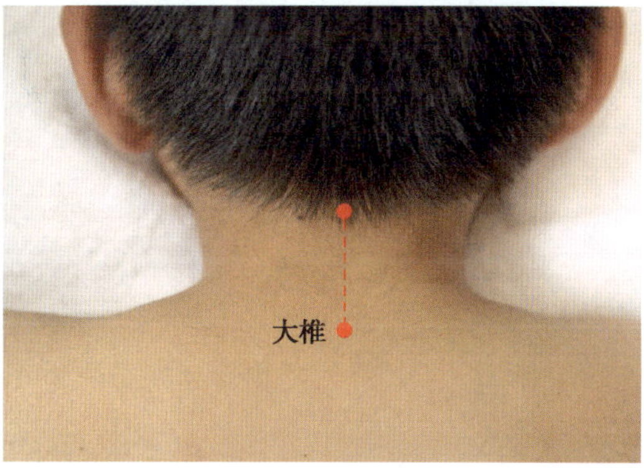

图 4–6　推天柱骨的位置

（2）方法

用手指自下而上直推至天柱 100 次，或用瓷汤匙蘸水自上而下刮 100 次。

（3）作用

有降逆止呕、祛风散寒的作用，用于缓解恶心呕吐、外感发热等症。

7. 推膻中

（1）位置

膻中在前胸正中线上，两乳头连线的中点处。

（2）方法

用双手拇指指腹自膻中向外直线推动 100 次，如图 4–7 所示。

（3）作用

有宽胸理气的作用，用于缓解胸痹心痛、心悸、心烦、咳嗽等症。

8. 推脊或捏脊

（1）位置

自大椎至长强，成一竖线，如图 4–8 所示。

（2）方法

用食指、中指（并拢）的指面自大椎起，循脊柱向下直推至腰椎处，即推脊；双手沿着脊柱两旁用捏法把皮肤捏起来，边捏边向前推进，由尾骶部捏到项部，即捏脊。若每捏三下提一下，则称为三捏一提。一般推拿 10 次。

（3）作用

推脊有清热、缓解腰背疼痛的作用，捏脊有调阴阳、理气血、通经络和脏腑的作用，可缓解发热、惊风等症。

9. 推肩胛骨

（1）位置

肩胛骨是指背部倒置的三角形扁骨，介于第二肋与第七肋之间。肩胛骨周围分布

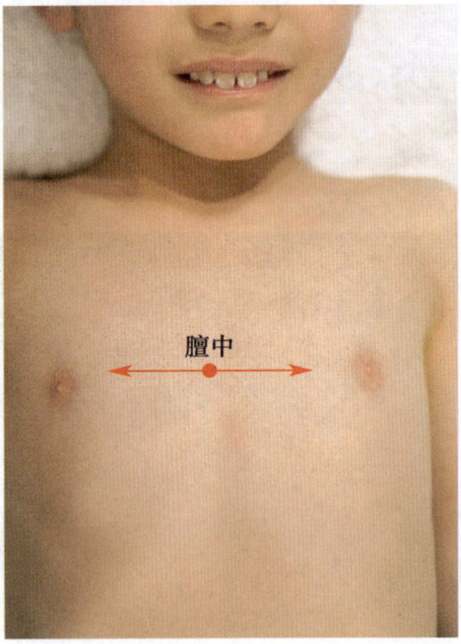

图 4-7　推膻中的方法

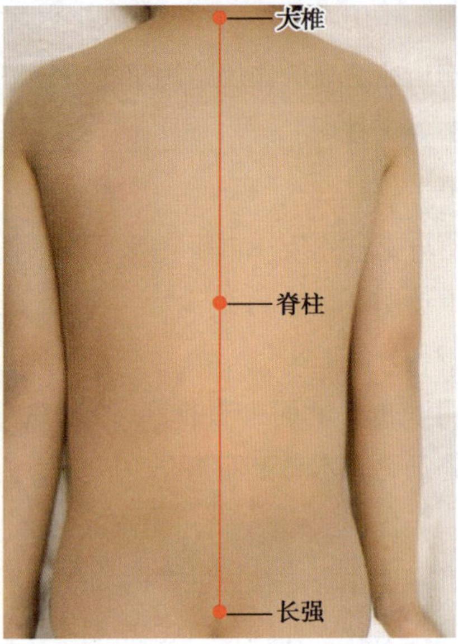

图 4-8　推脊或捏背的位置

了很多穴位，如肩井、风门、肺俞等。

（2）方法

用双手沿双肩肩胛骨骨缝进行弯月形推动，一般从上向下推 100 次，如图 4-9 所示。

（3）作用

有促进血液循环、疏通经络、宣肺止咳的作用，用于缓解急慢性气管炎、支气管炎以及哮喘等症。

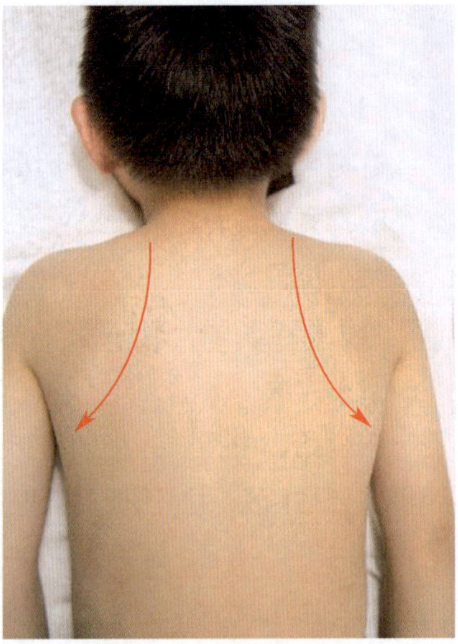
图 4-9　推肩胛骨的方法

10. 清天河水

（1）位置

在前臂内侧正中，自腕横纹至肘横纹，成一直线，如图 4-10 所示。

（2）方法

清天河水包括推天河水、引水上天河和打马过天河三种推拿方法。一般推拿 3 分钟。

1）推天河水。推天河水是指用食指和中指的指腹自腕横纹推向肘横纹。

2）引水上天河。引水上天河是指用手指蘸水从掌心推至肘弯。

3）打马过天河。打马过天河是指从腕部至肘部进行跳跃式拍打或者点拿。

（3）作用

用于快速退烧，预防热毒攻心、高热惊厥等症。

11. 推三关

（1）位置

前臂桡侧缘，即掌横纹的拇指端和肘横纹的拇指端的连线，如图 4–11 所示。

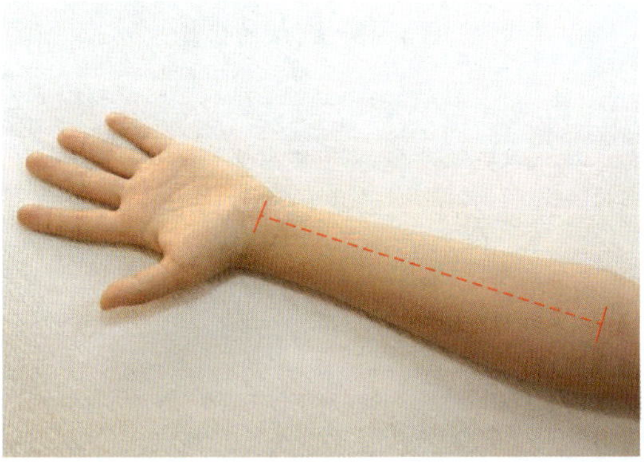

图 4–10　清天河水的位置

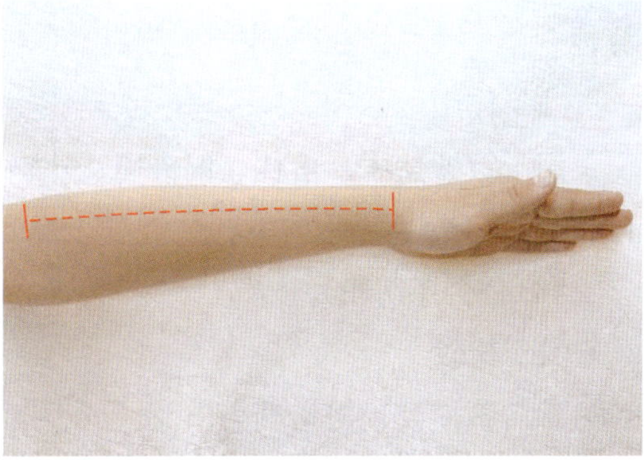

图 4–11　推三关的位置

（2）方法

用手指指腹自腕部推向肘部，一般推拿 3 分钟。

（3）作用

有泻心火、安神、化热痰、退热（受寒导致的发热）的作用，用于缓解热性惊厥症等。

12. 退六腑

（1）位置

在前臂外侧缘，自腕横纹至肘横纹，成一直线，如图 4–12 所示。

（2）方法

自肘部推向腕部，一般推拿 3 分钟。

（3）作用

有清热解表、泻火除烦、安神、凉血、消炎、消肿（受热导致）的作用，用于缓解外感发热、内热、惊风等症。

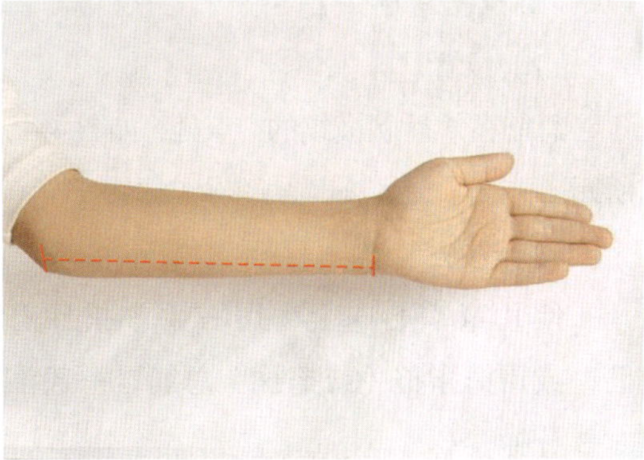

图 4–12　退六腑的位置

13. 掐按列缺

（1）位置

列缺在手腕部骨头高峰的骨缝处，如图 4–13 所示。

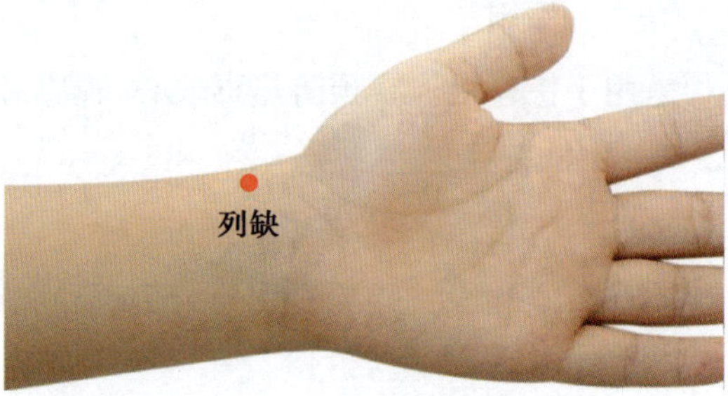

图 4–13　列缺的位置

（2）方法

顺着骨缝用指尖掐按，一般掐按 2 分钟。

（3）作用

用于缓解遗尿、落枕、偏头痛、外感风寒引起的头疼等症。

14. 分合手阴阳

（1）位置

掌后腕横纹近拇指端为阳池、近小指端为阴池，如图 4–14 所示。

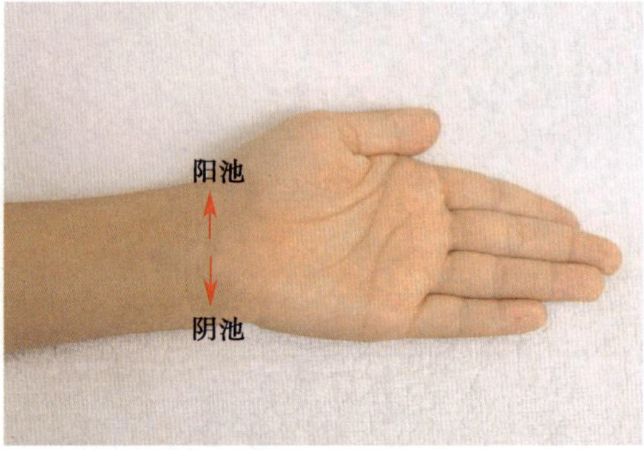

图 4–14　阳池和阴池的位置

（2）方法

用两拇指自掌后腕横纹中点（总筋）向两旁分推就是分手阴阳，又称分推大横纹；用两拇指自掌后腕横纹两旁向中间合推就是合手阴阳，又称合推大横纹。一般推拿 3 分钟。

（3）作用

分手阴阳能平衡阴阳、调和气血、行滞消食，合手阴阳能行痰散结，用于缓解烦躁不安、腹胀、腹泻、咳嗽、咳喘等症。

15. 揉掐总筋

（1）位置

总筋在掌后腕横纹的中点处，如图 4–15 所示。

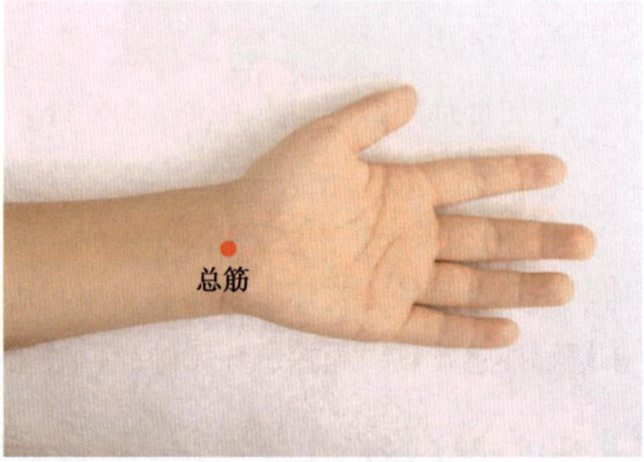

图 4–15　总筋的位置

（2）方法

使儿童掌心向上，用右手中指揉总筋，或用拇指掐（或掐揉）总筋，一般推拿 3 分钟。

（3）作用

有泻热散结、通调周身气机的作用，用于缓解心经积热、惊风、夜啼、潮热、口舌生疮、实火牙痛及一切实热证。

16. 运内八卦

（1）位置

掌心。

（2）逆运内八卦

1）方法。从艮宫起，以逆时针的方向旋运至震宫止，一般推拿 3 分钟。

2）作用。有降气、化痰、止咳、平喘的作用，用于改善胃气上逆引起的口臭、打嗝、咳嗽、哮喘、呕吐、积食、大便干结等症。

（3）顺运内八卦

1）方法。自乾宫起，向坎宫旋运至兑宫止，一般推拿 2 分钟，如图 4–16 所示。

2）作用。有提气的作用，用于阳气不足、食欲亢进，缓解一些虚寒证。

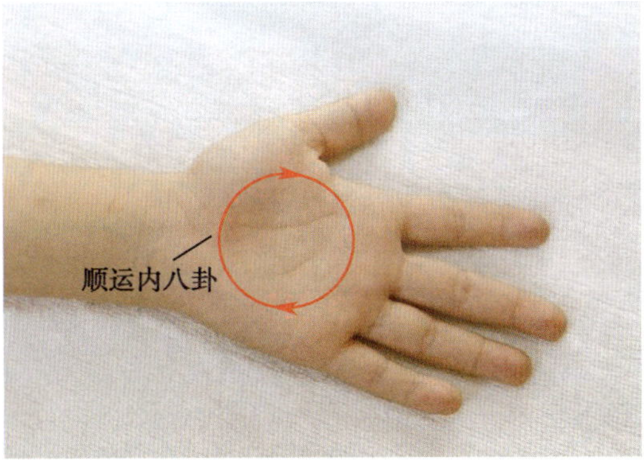

图 4–16　顺运内八卦的方法

17. 清补脾经

（1）位置

拇指。

（2）方法

下面介绍直推法。直推法包括清脾经和补脾经，如图 4–17 所示。清脾经是指使儿童拇指伸直，自指根至指尖来回推；补脾经是指使儿童拇指屈曲，自指尖推至指间关节横纹处。一般推拿 5 分钟。

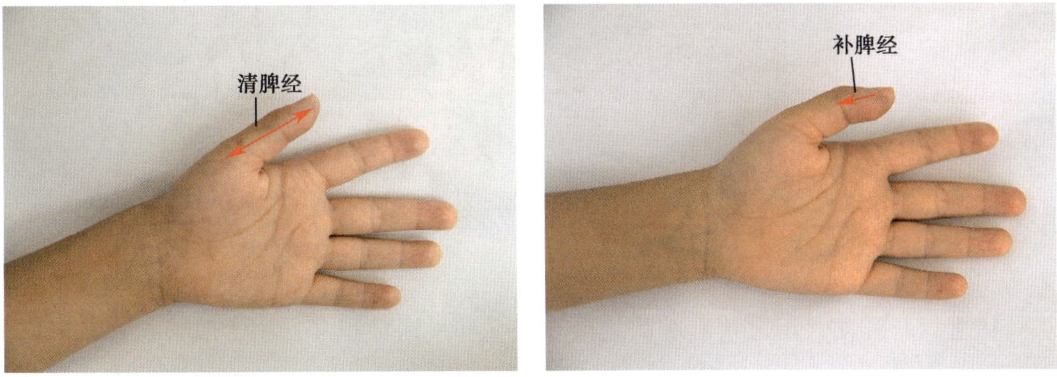

图 4–17　清脾经和补脾经的直推法

（3）作用

脾为后天之本，清之可清热利湿、消食化积，补之可补虚扶弱、补血生肌、进饮食、化痰涎、助消化、止泄泻。

18. 推大肠经（大肠经是手阳明大肠经的简称）

（1）位置

在食指桡侧缘，自指尖至指根，成一直线。

（2）方法

用拇指外侧缘推之，自指尖推向指根称为补大肠经，自指根推向指尖称为泻大肠经，来回推称为清补大肠经，如图 4–18 所示。一般推拿 3 分钟。

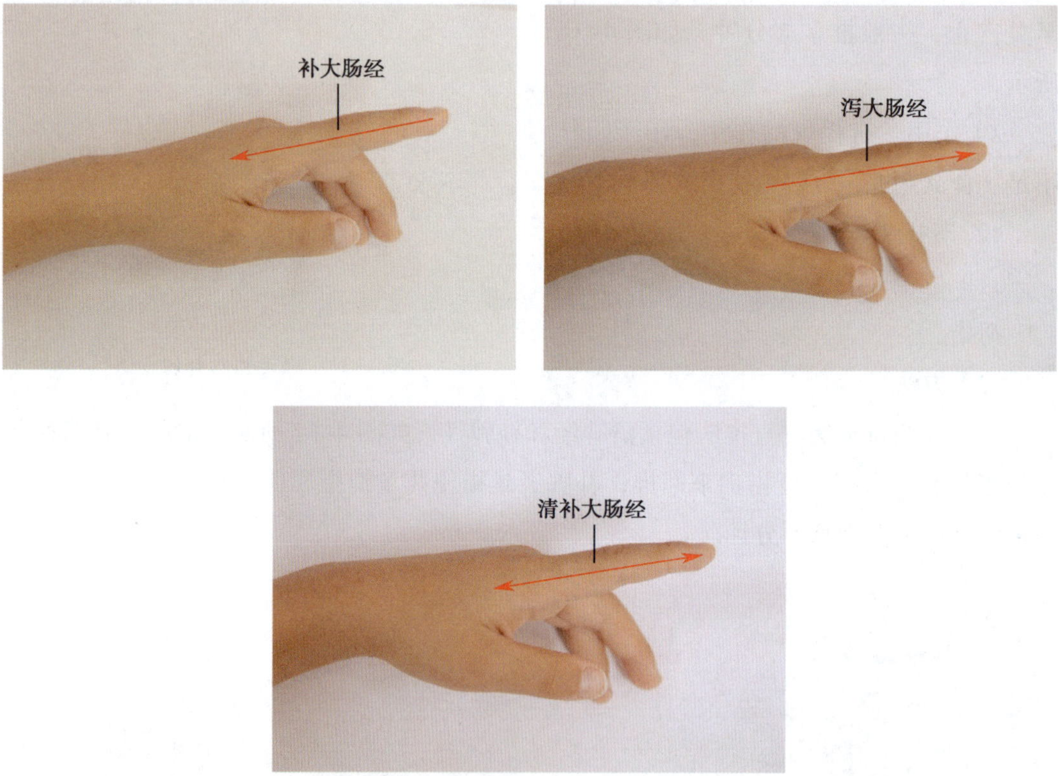

图 4–18　补大肠经、泻大肠经和清补大肠经的方法

（3）作用

补之固肠涩便，泻之清利脏腑之湿热，平补平泻导积滞；用于改善积食、口疮、痢疾、肛门红肿、脱肛、便秘等症。

（4）说明

补大肠经有固肠涩便的作用，但水泻（即湿热泻）时应以利尿为主，故推大肠经时先用泻法、清法，等尿多后再用补法；里急后重时先泻大肠经，待症状缓解后改为清补大肠经或补大肠经。另外，虚证、脱肛者宜用补法；肛门红肿、便秘者宜用泻法或清法；拉稀不臭或吃完就拉者宜补大肠经，大肠有热者宜清补大肠经。

19. 推肝经

（1）位置

食指掌面。

（2）方法

由指根推向指尖称为清肝经（见图 4-19），由指尖推向指根称为补肝经，一般推拿 2 分钟。

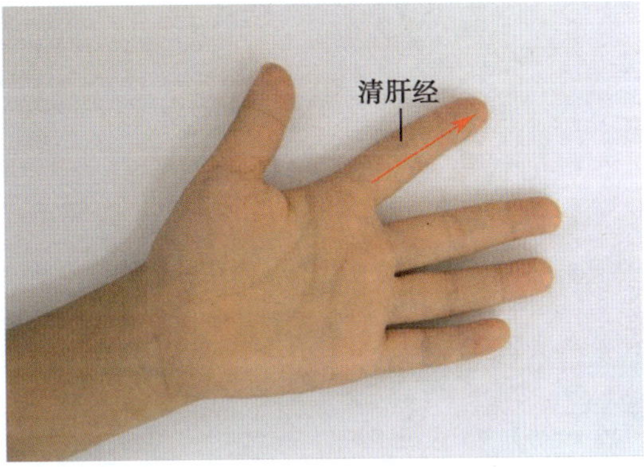

图 4-19　清肝经的方法

（3）作用

有开郁除烦、平肝胆之火、息风镇惊的作用，用于缓解目赤、烦躁不安、惊风抽搐、口苦咽干等症。

（4）说明

肝经一般用清法而不用补法，若肝虚应补时，则用补肾经代之（滋肾养肝之法），因肾为肝之母，补肾即补肝。若肝实或不宜采用本穴，则可用清天河水、清小肠经（小肠经是手太阳小肠经的简称）代之。

20. 推心经

（1）位置

中指掌面。

（2）方法

由指根推向指尖称为清心经（见图 4-20），由指尖推向指根称为补心经，一般推拿 2 分钟。

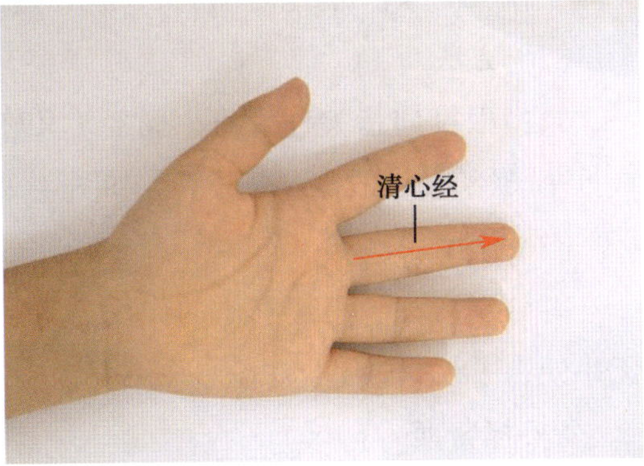

图 4-20　清心经的方法

（3）作用

有清热去心火、补益心血、养心安神的作用，用于缓解小便不利、口舌生疮、目赤、五心烦热、惊惕不安等症。

（4）说明

心经一般用泻法而不用补法。

21. 推肺经

（1）位置

无名指掌面。

（2）方法

由指根推向指尖或来回推称为清肺经，由指尖推向指根称为补肺经，一般推拿 3 分钟，如图 4–21 所示。

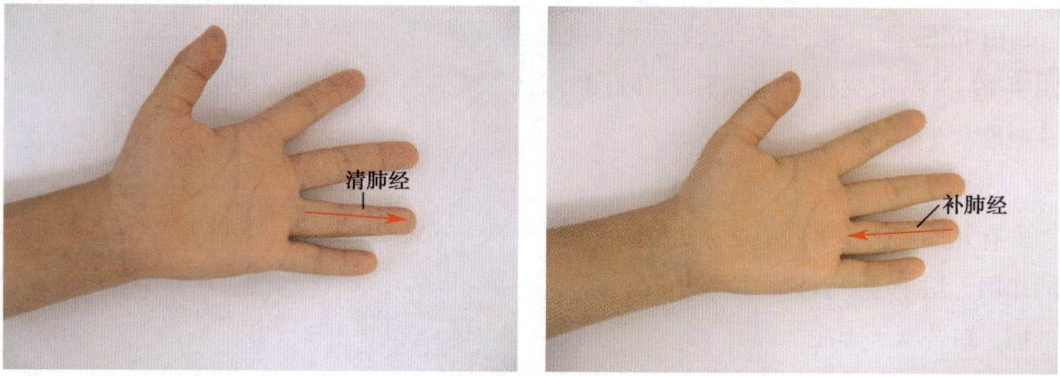

图 4–21　清肺经和补肺经的方法

（3）作用

有宣肺止咳、顺气化痰、疏风解表、清热通便的作用，用于缓解感冒、发热、咳喘、肺炎、肺虚等症。

22. 清小肠经

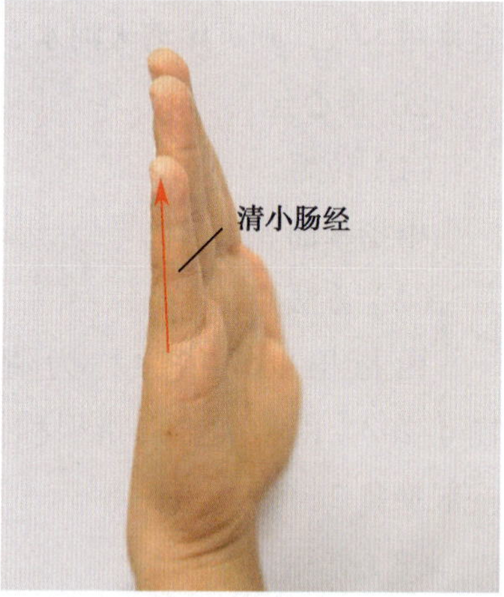

图 4–22　清小肠经的方法

（1）位置

小指尺侧缘，自指根至指尖，成一直线。

（2）方法

自指根推向指尖称为清小肠经（又称利小肠经或推小肠经），一般推拿 2 分钟，如图 4–22 所示。

（3）作用

有分别清浊、泻热利尿的作用，用于缓解水泻无小便、尿频、尿闭、尿少、尿道炎以及口疮、口唇裂等症。

23. 揉肾顶

（1）位置

肾顶在小指掌面末端处，如图 4–23 所示。

（2）方法

用手指指腹揉肾顶，一般推拿 3 分钟。

（3）作用

有收敛元气、固表止汗的作用，用于缓解自汗、盗汗、水疝等症。

24. 揉肾纹

（1）位置

肾纹是指小指掌面末节横纹处，如图 4–24 所示。

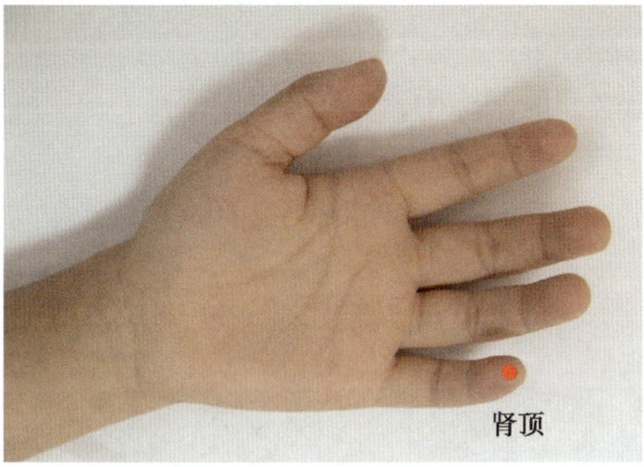

图 4–23　肾顶的位置

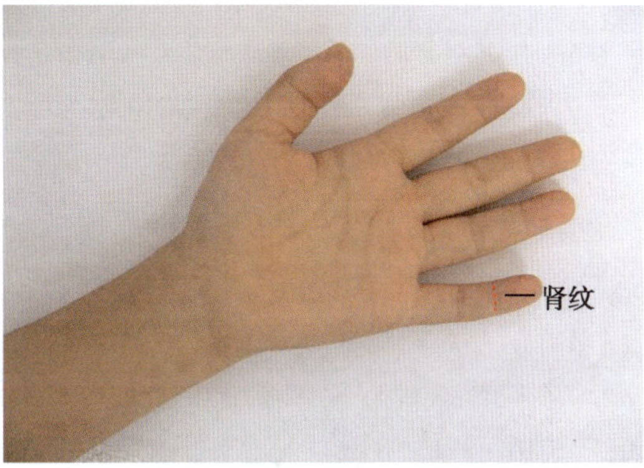

图 4–24　肾纹的位置

（2）方法

以手指指面揉肾纹，一般推拿 3 分钟。

（3）作用

有散瘀热、引内热外行的作用，用于缓解目赤、热毒内陷、内热外寒、高热、手足凉等症。

25. 推板门

（1）位置

板门在拇指后内侧，隆起如鱼形的肌肉（大鱼际）边际的凹陷处，如图 4–25 所示。

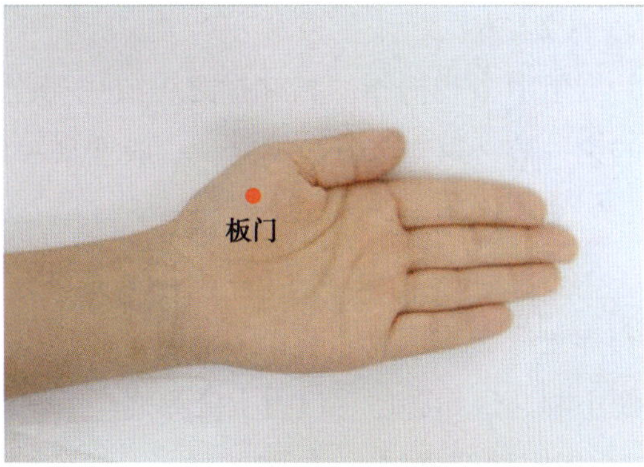

图 4–25　板门的位置

（2）方法

用拇指指尖用力掐揉或按压，一般推拿 3 分钟。

（3）作用

对缓解热证、咳喘有很好的效果，还能缓解疳积、消化不良等症。

26. 推小鱼际

（1）位置

手肌内侧肌群在手掌小指侧形成的肌性隆起，如图 4–26 所示。

（2）方法

用手指按压或轻揉，一般推拿 3 分钟。

（3）作用

有清宣肺气的作用，用于缓解因肺热而引起的咽喉肿痛、咳嗽、咯血、发热等症。

27. 推小天心（鱼际交）

（1）位置

小天心在手掌根正中处，大鱼际与小鱼际之间的凹陷中，如图 4–27 所示。

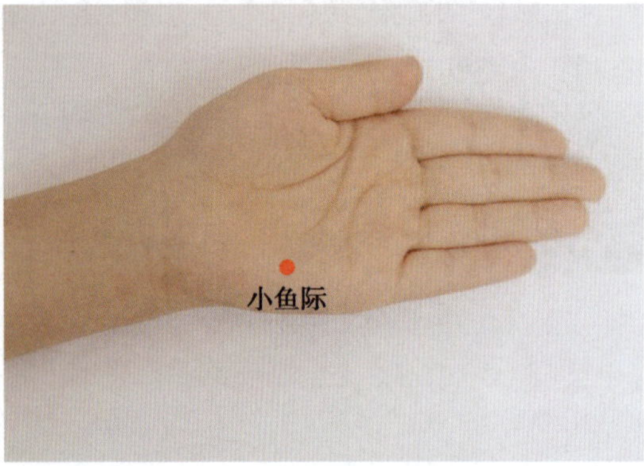

图 4–26　小鱼际的位置

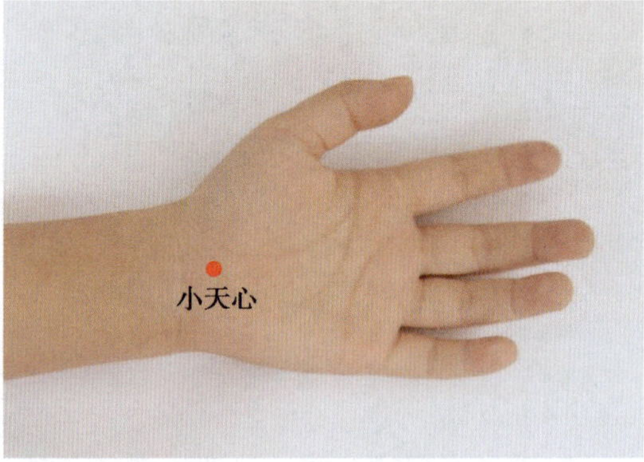

图 4–27　小天心的位置

（2）方法

用中指和拇指的指端揉之，或用拇指指甲掐之，或将右手半握拳后用食指、中指的第一节、第二节背面捣之，一般推拿 3 分钟。

（3）作用

有通全身经络、清心火、发汗祛邪、安神止惊、通窍散结的作用，用于缓解小便不利、目赤肿痛、口舌生疮等症。

28. 清四横纹

（1）位置

四横纹是指手掌面食指、中指、无名指、小指根部的横纹处，即指掌交界处，如图 4–28 所示。

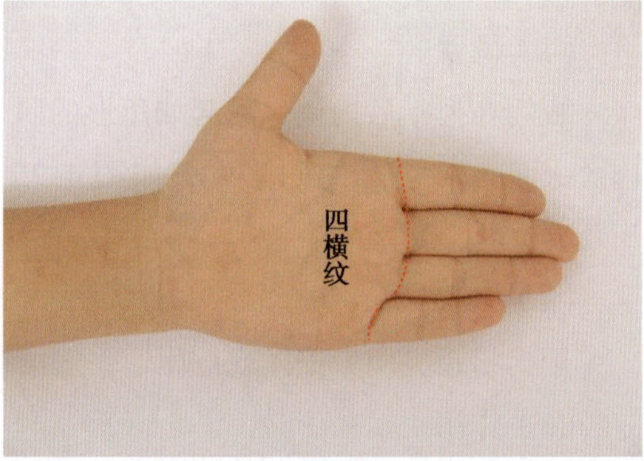

图 4–28　四横纹的位置

（2）方法

使儿童掌心向上，用拇指桡侧缘从其食指、中指、无名指、小指根部的横纹处逐个来回推或掐，或用拇指在其四个指根横纹处来回横擦，一般推拿 3 分钟。

（3）作用

有通气化积食、清脾胃之热、调中行气、退热除烦、散瘀结、引脏腑之热外行的作用，用于缓解口疮、唇裂、食欲不振等症。

29. 揉小横纹

（1）位置

小横纹在掌面小指根部横纹之下、掌横纹之上的高起部位，如图 4–29 所示。

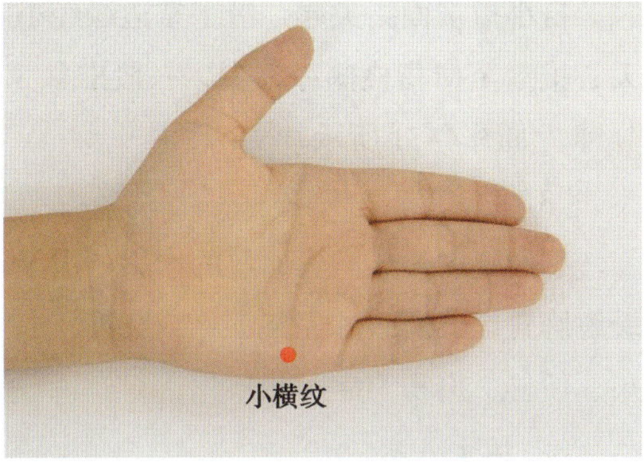

图 4–29　小横纹的位置

（2）方法

以手指揉之，一般揉 3 分钟。

（3）作用

有清热散结、宣肺止咳化痰的作用，用于缓解咳喘、口舌生疮等症。

30. 推内劳宫

（1）位置

掌心中央，如图 4–30a 所示。

（2）方法

用拇指或中指的指端掐揉之，称为掐揉内劳宫；用中指指端先微用力点之后迅速抬起，称为点内劳宫；在儿童掌心滴几滴凉水，用指端逆运内劳宫，或从其小指掌面运到掌心，称为运内劳宫（见图 4–30b）或水底捞明月。一般推拿 3 分钟。

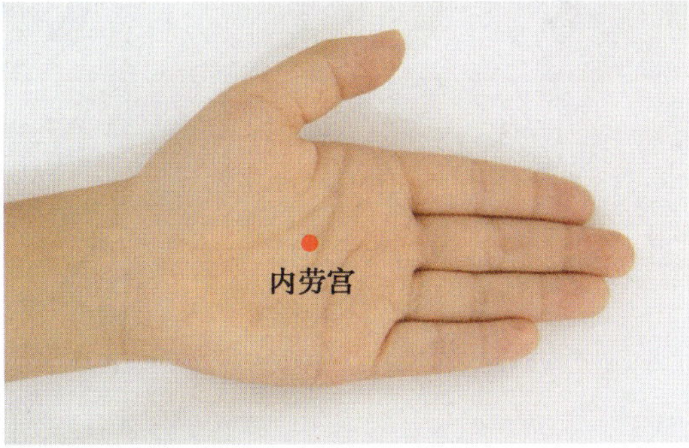

a）

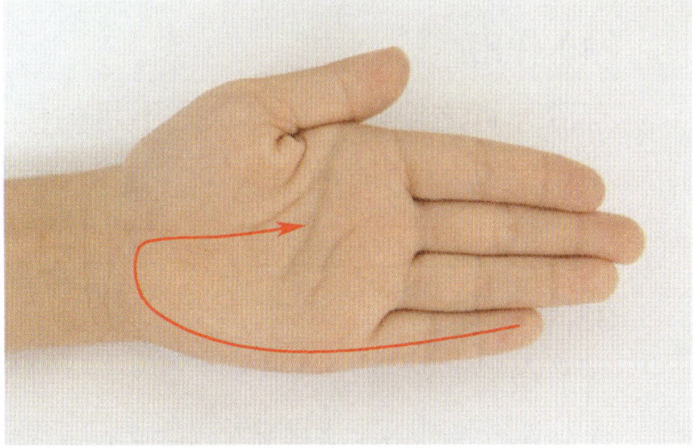
b）

图 4–30　内劳宫的位置与运内劳宫
a）内劳宫的位置　b）运内劳宫

（3）作用

有清热除烦、泻心火的作用，用于缓解发热、口渴、心神不宁、睡眠不宁、口疮、目赤、小便不利等症。

31. 运水入土

（1）位置

自小指掌面指尖（肾水）至拇指桡侧缘指尖（脾土），沿手掌边缘成一弧线。

（2）方法

自小指掌面指尖起，沿手掌边缘经小天心推运至拇指桡侧缘指尖，一般推拿 3 分钟，如图 4–31 所示。

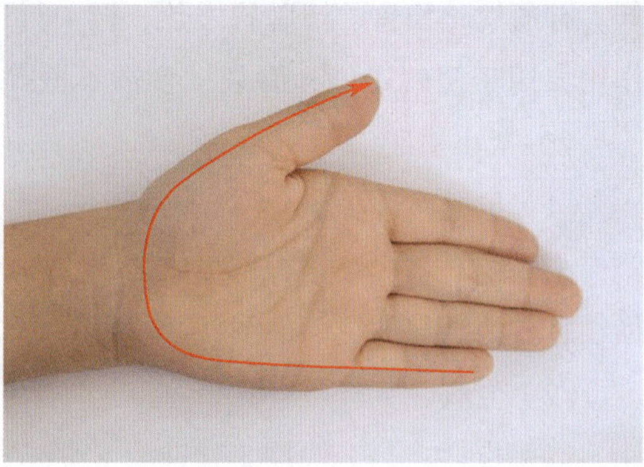

图 4–31 运水入土的方法

（3）作用

有健脾助运、润燥通便的作用，用于缓解脾胃虚弱所致的完谷不化、腹泻、痢疾、便秘、疳积等症。

32. 运土入水

（1）位置

自拇指桡侧缘指尖（脾土）至小指掌面指尖（肾水），沿手掌边缘成一弧线。

（2）方法

自拇指桡侧缘指尖起，沿手掌边缘经小天心推运至小指掌面指尖，一般推拿 3 分钟，如图 4–32 所示。

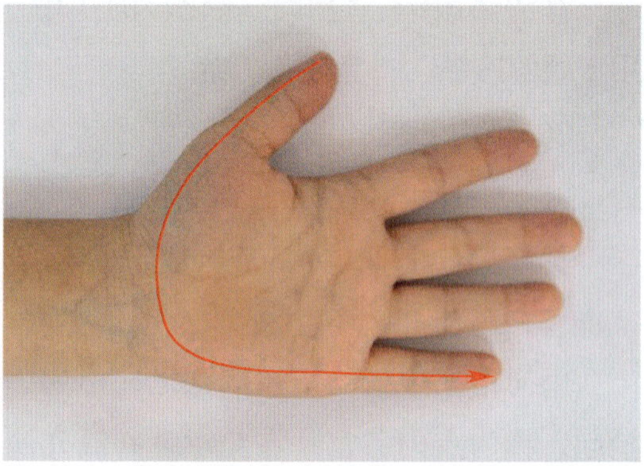

图 4–32 运土入水的方法

（3）作用

有清脾胃之湿热、补肾水之不足的作用，用于缓解湿热内蕴所致的少腹胀满、泄泻、痢疾、小便赤涩等症。

33. 揉外劳宫

（1）位置

外劳宫在手背第二掌骨与第三掌骨之间，与内劳宫相对，如图 4–33 所示。

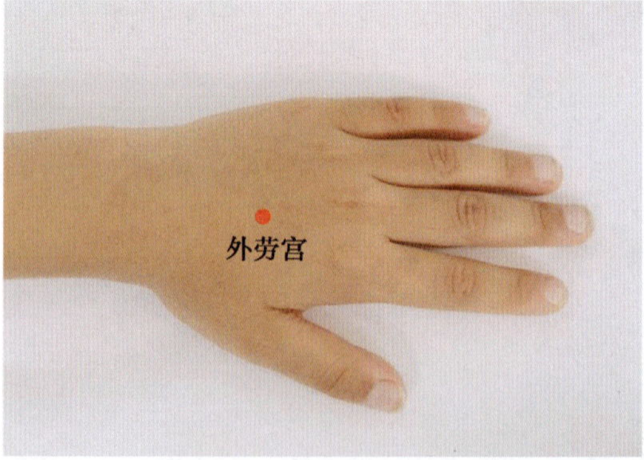

图 4–33 外劳宫的位置

（2）方法

使儿童无名指、小指屈曲与掌面成 90°，使穴位显出，用拇指揉之，一般揉 3 分钟。

（3）作用

有祛风通络、活血止痛、温补阳气的作用，用于缓解腹痛、手背红肿发痛、脐风等症。

34. 推合谷

（1）位置

合谷在拇指与食指之间的虎口处，如图 4–34 所示。

（2）方法

用拇指指腹直接按压或搓揉，一般推拿 3 分钟。

（3）作用

有醒脑回苏、调理脾胃、增进食欲、镇静神经、降低血压、降肺胃之火、清肠热的作用，用于清咽止喉痛、通便以及缓解牙痛、呕吐等症。

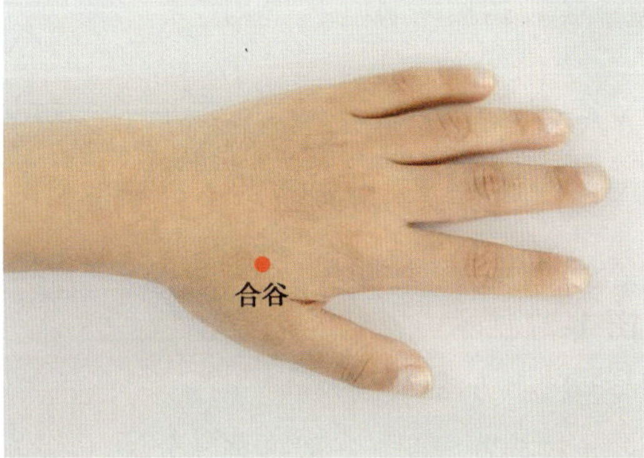

图 4–34 合谷的位置

35. 推液门

（1）位置

液门在手背第四指与第五指之间，指蹼缘上方赤白肉际的凹陷中，如图 4–35 所示。

（2）方法

用手指指腹直接按摩或轻揉，一般推拿 3 分钟。

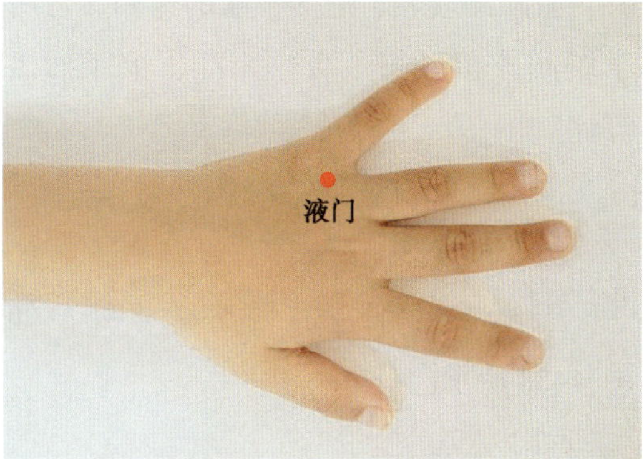

图 4–35 液门的位置

（3）作用

有降浊升清、清风散热、清头目、利三焦、通络止痛的作用，用于缓解头痛、目赤、耳痛、耳聋、耳鸣、咽喉肿痛、发热等症。

36. 掐（揉）二人上马

（1）位置

二人上马在手背第四掌骨小头与第五掌骨小头之间，如图 4–36 所示。

（2）方法

将拇指和中指相对，掐或揉二人上马，一般推拿 3 分钟。

（3）作用

有滋阴补肾、顺气散结、清神、利水通淋的作用，用于缓解心火旺引起的烦躁、惊恐伤神以及虚火引起的牙痛、咳喘、遗尿。

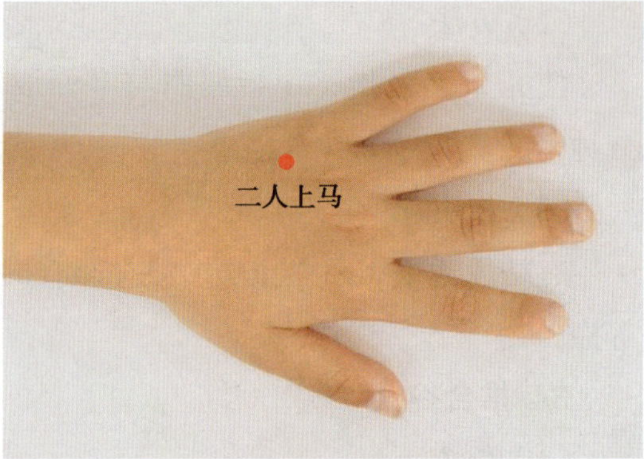

图 4-36 二人上马的位置

37. 揉掐两扇门

（1）位置

两扇门是一扇门和二扇门的合称，一扇门和二扇门分别位于手背食指与中指、中指与无名指的掌指关节之间，如图 4-37 所示。

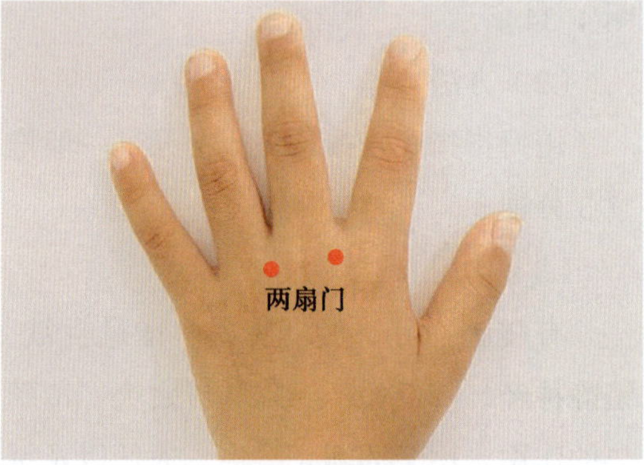

图 4-37 两扇门的位置

（2）方法

揉掐两扇门，一般推拿 3 分钟。

（3）作用

有发汗透表、退热平喘的作用，可用于缓解外感风寒、身热无汗、惊风抽搐等症。

38. 按揉天枢

（1）位置

天枢在肚脐左右两旁 2 寸处，如图 4-38 所示。

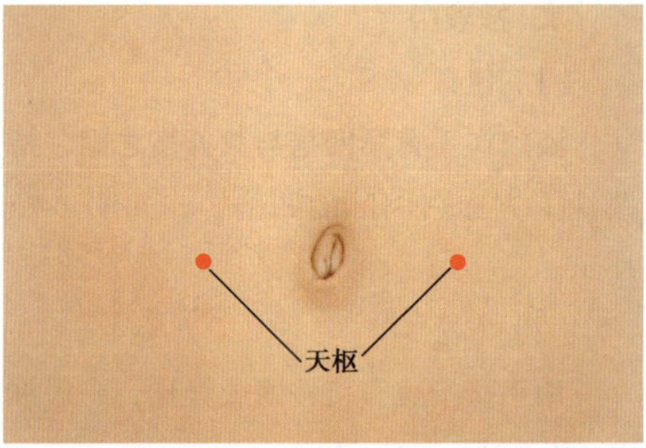

图 4-38 天枢的位置

（2）方法

用指腹轻轻地按揉，一般按揉 100 次。

（3）作用

有调理脾胃、理气健脾、疏导大肠、通经活络的作用，用于缓解慢性结肠炎、便秘腹泻、消化功能紊乱等症。

39. 敲打风市

（1）位置

当儿童垂直站立时，双手中指指尖对着的大腿位置就是风市。当儿童平躺时，风市在大腿外侧部的中线上，腘横纹上方7寸处，如图4–39所示。

（2）方法

用拳头的指节敲打，一般推拿2分钟。

（3）作用

风市是治疗一切皮肤急症的要穴。敲打风市有运水化湿、通经活络、祛风寒、强筋骨的作用，尤其对风疹（如吃海鲜引起的疹子）有很好的缓解作用。

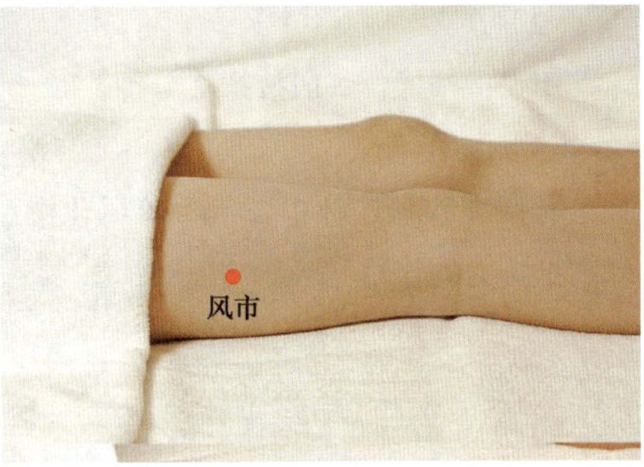

图4–39　风市的位置

40. 点血海

（1）位置

当儿童屈膝时，血海在大腿内侧、髌底上方2寸处，股四头肌内侧的隆起处，如图4–40所示。

（2）方法

点揉血海（以穴位有酸胀感时的力量为宜），一般推拿2分钟。

（3）作用

有活血化瘀、补血养血的作用。

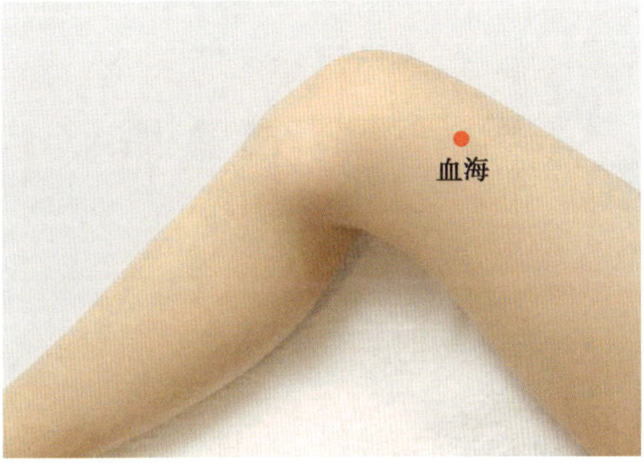

图4–40　血海的位置

41. 按压阳陵泉

（1）位置

阳陵泉在小腿外侧，腓骨头前下方凹陷处，如图4–41所示。

（2）方法

用手指按压，一般推拿2分钟。

（3）作用

用于缓解膝关节疼痛、惊风、剧烈咳嗽等症。

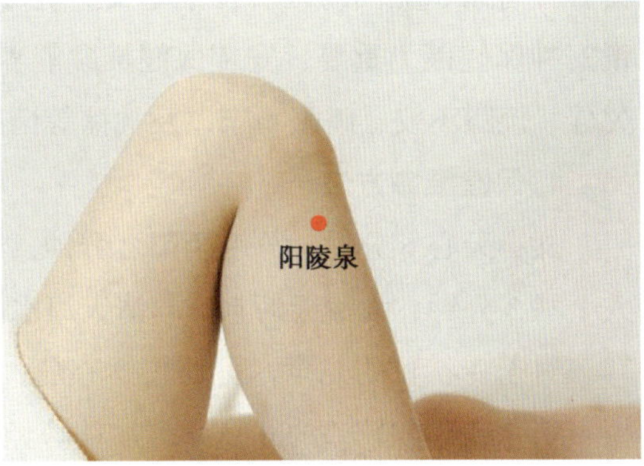

图4–41　阳陵泉的位置

42. 按揉足三里

（1）位置

足三里在小腿前外侧，犊鼻下3寸，距胫骨前缘一横指（中指指宽）处，如图4–42所示。

（2）方法

用手指按揉，一般按揉 2 分钟。

（3）作用

有调理脾胃、补中益气、疏风化湿、提高抵抗力的作用。

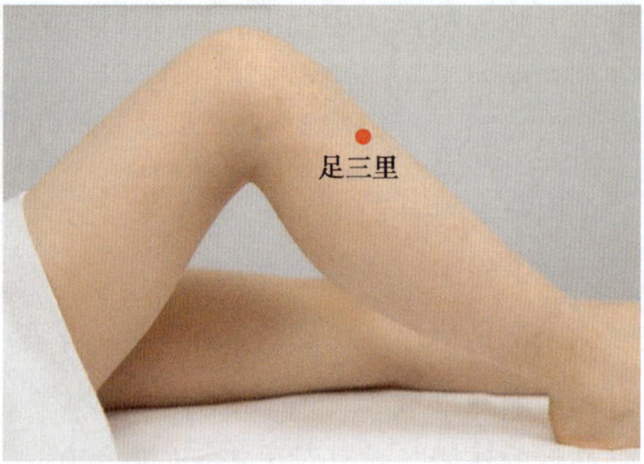

图 4-42　足三里的位置

第二节　日常保健推拿

一、安神保健推拿

如果儿童精神好、双目有神、活泼、面色红润，则其气血调和、神气充沛，无病或病在表（即病轻易治）。如果儿童神气怯弱、知觉未开（神经系统发育不健全），则其心气有余、见闻易动、神乱不安，会导致营养吸收欠佳，甚至影响发育。因此，儿童安神保健极为重要。安神保健推拿能养心肾肝而安神、滋阴养血，对儿童营养吸收欠佳、烦躁不安、睡眠不宁以及抽搐等情况有一定的缓解作用。

1. 保健推拿方法

揉小天心 6 分钟，分手阴阳 2 分钟，补肾经（由小指指尖推向指根）5 分钟，揉二人上马 3 分钟，大清天河水（与清天河水手法类似，起点是内劳宫）2 分钟。

对于症状重的儿童，可加按揉心俞、肾俞、肝俞，每穴 0.5～1 分钟；对于食欲不振、消化和吸收较差的儿童，可加补脾经 5 分钟，清板门 3 分钟，逆运内八卦 3 分钟，清四横纹 2 分钟；对于腹泻的儿童，可加揉外劳宫 3 分钟，清补大肠经 3 分钟。

可根据儿童习惯选用卧位或坐位，推其左手。儿童体质调理人员左手托起儿童的左手，用右手拇指、食指、中指在各穴上逐一操作即可。可用滑石粉、香油、花生油作为推拿介质，冬春两季还可用葱姜汁。

2. 保健原理

揉小天心、分手阴阳、补肾经、揉二人上马、大清天河水可安神镇静，除烦；补脾经、清板门、逆运内八卦、清四横纹可调中和胃，进饮食，保后天之本；按揉心俞、肾俞、肝俞能增强本脏功能；揉外劳宫可温中，改变大便颜色，助消化，缓解上腹部疼痛；清补大肠经可止泻。

3. 保健范围

针对面色发青，头发黄稀、直立，易受惊吓，烦躁不安，睡眠不宁或抽搐，营养吸收差、发育不良的儿童。

二、健脾和胃保健推拿

脾胃为后天之本，主要功能是运化水谷和输布精微，为气血生化之源。儿童脏腑发育尚未完善，故运化功能尚差，易为饮食所伤而致积滞、呕吐、泄泻、食欲不振等消化系统疾病。中医认为儿童“脾常不足”，加之儿童生长发育快，需要的营养物质比成人多，这又加重了儿童脾胃的负担，因此，注意调节脾胃是儿童健康成长的基本保证。

1. 保健推拿方法

健脾和胃的保健推拿方法有很多，下面介绍两种。

一是清补脾经 5 分钟，逆运内八卦 3 分钟，清四横纹 2 分钟，清板门 2 分钟，掐揉足三里 5 ~ 7 次，补肾经 5 分钟。

二是揉背部脾俞、胃俞、肾俞各 1 分钟，顺时针、逆时针摩腹各 1 分钟。

可用滑石粉、香油、花生油作为推拿介质，冬春两季还可用葱姜汁。

2. 保健原理

清补脾经、逆运内八卦、清四横纹、清板门、掐揉足三里可健脾和胃，促进儿童消化、吸收；加补肾经有健骨及补脾阳的作用，促进儿童生长发育。

揉背部脾俞、胃俞、肾俞有共同协调脏腑的作用。

摩腹能消食理气，对缓解乳食停滞所致的恶心、呕吐、腹胀等症状颇有效。

健脾和胃保健推拿可增强儿童的胃肠蠕动，促进其消化、吸收而增强体质，提高其抵抗力，促进其生长发育。

3. 保健范围

针对体弱多病的儿童，尤其是脾胃虚弱导致呕吐、腹泻、厌食、积滞、疳积、佝偻病的儿童；也可针对面黄肌瘦、发黄成绺、烦躁不安、睡眠不宁却原因不明或有“五软”“五迟”等病症的儿童。

三、益脑保健推拿

1 ~ 3 岁是儿童大脑发育最快的时期，在此阶段进行正确的益脑保健尤为重要。中医认为，肾者，作强之官，伎巧出焉。所谓“作强”，即能力强；所谓“伎巧”，即思维灵巧。人的能力强、思维灵巧，关键在于肾，因为肾藏精、精生髓、髓又上通于脑，且精能使人聪明。肾阳又助脾阳，故又能使脾的功能加强，使儿童身心健康、精神愉悦。益脑保健推拿能促进儿童智力的开发，对“五迟”、“五软”、解颅等病症有一定的缓解作用。

1. 保健推拿方法

补肾经 10 分钟，揉二人上马 8 分钟，揉小天心 3 分钟，补脾经 5 分钟。可加逆运内八卦 2 分钟，清四横纹 2 分钟，清天河水 1 分钟。

2. 保健推拿原理

补肾经可滋阴潜阳，温补元阳，强筋壮骨，温养下元；揉二人上马有补肾的作用，与补肾经同用，可加强补肾益精、助元阳、健脑益智的作用，且肾又主骨，故能促进生长发育；小天心为诸经之祖，揉之诸经皆动，有镇静安神的作用；补脾经、逆运内八卦、清四横纹可调中和胃，促进消化、吸收；清天河水能清心利尿，巩固疗效。

3. 注意事项

（1）对“五迟”“五软”儿童应多推，还可加局部按摩。

（2）若儿童患有传染病，要停止保健推拿，待病愈后再继续。

四、健脾保肺推拿

儿童肺常不足，易受寒邪，又不耐热，故肺有娇脏之称，有难调而易伤的特点。儿童肺气之所以娇弱，关键在于脾常不足。《素问·阴阳应象大论》记载：“脾生肉，肉生肺。”脾与肺为母子之脏，母病及子，脾气虚则肺气不足，外邪易乘虚而入，使肺失于清肃而发病；若脾气健旺，则水谷精微之气上注于肺，卫外自固，外邪则无从而入。肺气的强弱有赖于脾胃之气，故要预防外邪入侵，必须健脾保肺，以调节营卫，宣通肺气，增强儿童的抵抗力，在一定程度上预防感冒及肺部疾病的发生。

1. 保健推拿方法

揉外劳宫 5 分钟，揉足三里 5～7 次，清肺经 3 分钟，补肾经 5 分钟，清天河水 1 分钟，补脾经 8 分钟，清板门 5 分钟；可加逆运内八卦 3 分钟，清四横纹 2 分钟。

可用滑石粉、香油、花生油作为推拿介质，冬春两季还可用葱姜汁。

2. 保健推拿原理

揉外劳宫、足三里均有补脾的作用，脾气健旺，则水谷精微之气充实，与清肺经同用，肺的功能得到加强而卫外自固；补肾经、清天河水可调节机体水液代谢，输送营养物质而排出废物；补脾经、清板门可清肺，逆运内八卦、清四横纹可肃肺，同用可促进胃肠蠕动，调节中焦，促进儿童消化、吸收而增强体质，提高抵抗力而保肺。

3. 保健范围

针对体弱多病、病后体虚、呕吐伤脾及肺疾恢复期和易患感冒、咳喘等疾病的儿童。

五、佝偻病保健推拿

佝偻病是婴幼儿常见的一种慢性营养缺乏症，属于中医“五迟”“五软”的范畴。佝偻病多因先天或后天营养障碍所致。现代医学认为，维生素 D、钙、磷的代谢障碍会形成骨骼、神经、肌肉等系统的异常，佝偻病以 3 岁以下儿童多见。佝偻病主要表现为面色㿠白，精神烦躁，哭闹不安，多汗易惊，发稀黄、直立或成绺，囟门逾期不合，肌肉松弛，肋骨呈串珠状，游离肋外翻，有的骨骼畸形，下肢呈“O”形或“X”形。由于佝偻病患儿缺乏营养、气血不足、抵抗力差，易感冒、咳嗽、气喘、呕吐、腹泻，因此应注意调理，平时可进行保健推拿，并重视营养搭配。

1. 保健推拿方法

下面介绍两种佝偻病保健推拿方法。

一是补肾经 8 分钟，揉二人上马 3 分钟，补脾经 6 分钟，推三关 3 分钟，揉外劳宫 5 分钟，清板门 3 分钟，逆运内八卦 3 分钟，清四横纹 2 分钟，揉小天心 3 分钟，清天河水 2 分钟，揉肾顶 2 分钟。对于面色发黄、发白的佝偻病患儿，补脾经、推三关可提前操作。

二是捏脊（捏三提三）1 分钟，重揉心俞、肝俞、肾俞、脾俞、胃俞、肺俞、三焦俞各 0.5 ~ 1 分钟，掐揉足三里 5 ~ 7 次。

2. 保健推拿原理

佝偻病保健推拿原理主要是调节先天和后天的不足，恢复机体对营养的吸收及发育。补肾经、揉二人上马可温肾固本，大补元气，强筋壮骨，改善青灰的面色；补脾经、推三关、揉外劳宫可补气血，改善松弛的肌肉，使面色逐渐变红，同时有助于消化、吸收，补虚扶弱止汗；清板门、逆运内八卦、清四横纹可调中和胃，进饮食，助消化、吸收；揉小天心、清天河水可镇静除烦，清热利尿；揉肾顶可固表止汗。捏脊可调阴阳、理气血、培元气，调节诸脏腑功能；揉背部各穴位可加强心、肝、脾、胃、肺、肾等的功能，滋肾阴，温下元，补元阳，强筋壮骨；掐揉足三里能调补肝、肾、脾三脏，肝可除烦，肾能促进骨骼发育，脾能助消化。

望儿童面色，白属肺，黄属脾，面色发黄、发白则表示其肺脾有病。儿童为稚阴稚阳之体，再感病邪则常表现为虚证，所以脾虚肺虚是关键。因为肺是空脏不能补，而补脾经可生金，把补脾经提前即间接补肺。又因为是虚证，把推三关提前，以补虚扶弱。

3. 保健范围

针对体弱多汗、色白、方颅、烦躁不安、睡眠不宁、食欲不振、发育迟缓、抵抗力低下、骨骼畸形的儿童，或有“五迟”“五软”等病症和腹痛、腹泻、呕吐等症状的儿童。

六、眼睛保健推拿

眼睛是人体的重要器官，儿童应自幼养成保护眼睛的良好习惯。眼睛保健推拿是采用推拿手法刺激相关穴位，以通经活络，调和气血，加强眼周肌肉的血液循环，改善眼周神经的营养，缓解视力疲劳，预防近视、远视。

1. 保健推拿方法

按揉攒竹、鱼腰、丝竹空、太阳、阳白、承泣、四白、瞳子髎，刮眼眶，力度以使局部有酸麻胀感为宜。儿童屈膝正坐，双手上举，上臂内收，用双手桡侧端或中指指端依次按揉攒竹（针对近视、斜视、迎风流泪）、鱼腰（针对斜视、近视、肌肉麻痹）、丝竹空（针对斜视）、太阳（针对眼睑下垂），再依次揉阳白、承泣（针对近视、远视、肌肉麻痹），然后揉四白（针对近视、面神经麻痹）、瞳子髎（针对头痛、眼疾、惊风），再刮眼眶（预防近视、远视）。一般每穴按揉 30～40 次，刮眼眶 64 次。

将拇指或食指相对，按揉睛明（针对近视、斜视、迎风流泪），有酸麻胀感为止。

肘关节屈曲，双手上举，用中指按揉风池，再从第一颈椎棘突起，自上而下揉颈椎，可按 8 拍揉，共揉 64 次；再用双手的食指、中指、无名指推颈椎旁的肌肉，自上而下推 5～10 遍；最后拍揉合谷 3～5 次。

摇颈，先向前低头、向后仰头各 4 次，再向左、向右略倾斜摇颈各 4 次，然后向左、向右大摇颈各 2 周，最后向前、向后耸肩各 4 次。

2. 保健范围

针对 7～12 岁学龄儿童，每日于课间操或休息时进行。

3. 注意事项

保持手部卫生，常剪指甲；操作力度不要过重，保持刚中有柔、柔中有刚、刚柔相济，勿损伤皮肤；操作结束后，闭目休息片刻，继而遥视远方 2～3 分钟。

七、鼻部保健推拿

鼻为肺窍，是呼吸的通道，可辨气味、助发音。儿童鼻黏膜柔嫩，嗅觉器官尚未发育完善，易受寒湿及气味的损伤，以致鼻腔充血、水肿而变狭窄，引起鼻塞、呼吸不畅以及急慢性鼻炎或过敏性鼻炎，甚至引起副鼻窦炎、耳疾等。现在患有过敏性鼻炎的儿童越来越多，故应重视儿童的鼻部保健。在儿童患病早期，进行鼻部保健推拿也是一种有助于恢复健康的方法。

1. 保健推拿方法

用中指、拇指或食指指端揉上星，力度以局部有酸麻胀感为宜，一般 30 次；用拇指和食指按拿鼻通 30 次；揉迎香，方法同揉上星，揉至局部有酸麻胀感为止；擦鼻梁两侧，从鼻翼擦至山根，往返擦直至局部有酸麻胀感，或擦 30 次；再按拿鼻通 30 次；双手上举，上臂屈曲，用双手拇指按揉风池，直至局部有酸麻胀感且这种感觉向四周放射为止，按揉合谷 3 ~ 5 次。

2. 保健推拿原理

通经活络、活气血、开窍祛邪，可缓解鼻疾、耳疾、感冒等的症状。

3. 保健范围

预防儿童的鼻疾、耳疾（鼻与耳互通）及感冒。

八、病后保健推拿

儿童病后需要合理的调理，调理得当则恢复快，但要防止“食复”。所谓“食复”，是指儿童热病或大病后胃气尚虚、余邪未尽，食量过多或纳食不当以致余邪夹食滞而复热。病后保健推拿可以增强脾胃功能，预防“食复”。

1. 保健推拿方法

对于以奶为主要食物的婴幼儿，病后提倡母乳喂养，每日可摩腹，顺逆各 100 ~ 200 次。

对于略大一些的儿童，病后应以清淡且易消化、吸收的食物为主。保健推拿方法具体如下：分手阴阳 100 次，清补脾经 200 次，逆运内八卦 200 次，清四横纹 200 次（每个横纹 50 次），每日顺逆摩腹各 100 次。每日可进行 1 ~ 2 次。

经以上方法，儿童精神、体重可较快恢复。有条件者，可改为每日捏脊 1 次（用捏三提三法），经 14 ~ 20 天的调理，一般可痊愈。

2. 注意事项

病后保健推拿在儿童清晨起床后、入睡前进行，可免除穿脱衣裤，避免儿童着凉而病情加重。若儿童又患传染病，则不宜继续进行病后保健推拿，可待传染病痊愈后再继续。

第五章

儿童艾灸与儿童敷贴

第一节　儿童艾灸

艾灸又称保健灸，是指用艾条或艾炷在身体某些特定穴位上施灸，以达到和气血、调经络、养脏腑的目的。艾灸可用于健康人的强身保健，也可用于久病体虚之人的调养，是我国独特的养生康复方法之一。艾灸养生流传已久，古人对艾灸的养生作用推崇备至。《扁鹊心书》记载："人于无病时，常灸关元、气海、命关、中脘……虽未得长生，亦可保百余年寿矣。"时至今日，艾灸仍是一种应用广泛、行之有效的养生方法。儿童艾灸如图 5-1 所示。

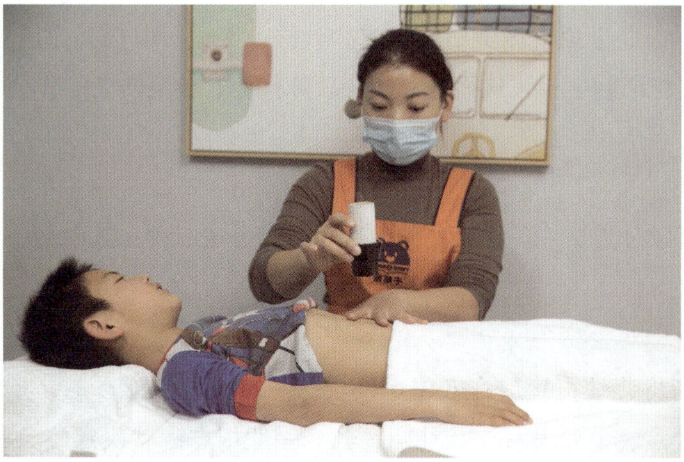

图 5-1　儿童艾灸

一、艾灸作用

1. 温通经脉，行气活血

人体的正常生命活动有赖于气血的作用，而"寒则气收，热则气泄"，即气血运行具有得温则行、遇寒则凝的特点。当有风、寒、暑、湿、燥、火等各种外因侵袭，导致人体或局部气血凝滞、经络受阻，甚至引发一些热性病时，就会影响血气的运行，从而出现肿胀、疼痛等症状。艾灸性温热，可以温通经络，促进气血运行。

2. 升举阳气，培补后天

艾灸有升举阳气、密固肌肤、抵御外邪、调和营卫之功。人体真元之气是一身之主宰，真气壮则人强，真气虚则人病，真气脱则人死。艾为辛温阳热之药，以火助之，则有补阳壮阳、培补元气之功。艾灸常用于气虚下陷、卫阳不固之证，如《灵枢·经脉》所载“陷下则灸之”。《扁鹊心书》将其称为第一保命之法。

3. 健脾益胃，预防保健

艾灸对脾胃有明显的强壮作用。《针灸资生经》记载：“凡饮食不思，心腹膨胀，面色萎黄，世谓之脾肾病者，宜灸中脘。”因为艾灸可以温阳补虚，所以灸足三里、中脘可以温运脾阳、补中益气。胃为水谷之海、荣卫之所出，五脏六腑皆受其气，胃气常盛则气血充盈。命门为人体真火之所在、人之根本，关元、气海为藏精蓄血之所，艾灸这几个穴位可使人胃气、精血充足，不但能使消化系统功能旺盛，还能增加人体对营养物质的吸收以濡养全身，从而提高抵抗力，起到防病治病、抗衰防老的效果。

现代医学研究表明，艾灸对免疫功能有良性的双向调节作用，可以调节细胞免疫和体液免疫，具有延缓胸腺萎缩的作用。动物实验研究发现，灸神阙可以显著提高T淋巴细胞的数量，促进免疫球蛋白的合成和分泌。艾灸可以提高血清中表皮生长因子的含量，促进组织细胞生长，从而起到加快新陈代谢、抗衰防老的作用。

二、艾灸方法

艾灸方法可以分为艾炷灸法、艾条灸法和温针灸法三种，其中艾条灸法最为常用。

1. 艾炷灸法

（1）直接灸

直接灸是指将艾炷直接放在穴位上的灸法。待艾炷快燃尽时，即当人感到烫时，立刻换一个艾炷点燃，每燃一个艾炷叫一壮。一般根据症状决定施灸壮数，每穴一次可灸3壮、5壮、9壮不等，并根据穴位所在部位酌情选用大小适宜的艾炷。头部宜用麦粒大小的艾炷，腹部宜用大一些的艾炷。下文儿童艾灸常用穴位的示意图均为直接灸法。

（2）间接灸

间接灸是指在艾炷与施灸部位皮肤之间隔以姜片（即隔姜灸，见图5-2）、蒜片、盐等的灸法。隔姜灸多用于调理阳虚证，如体弱或动则气喘、出汗、无力等。隔蒜灸多用于调理外科疾病，如疖肿初起等。隔盐灸常用于调理虚脱等症。

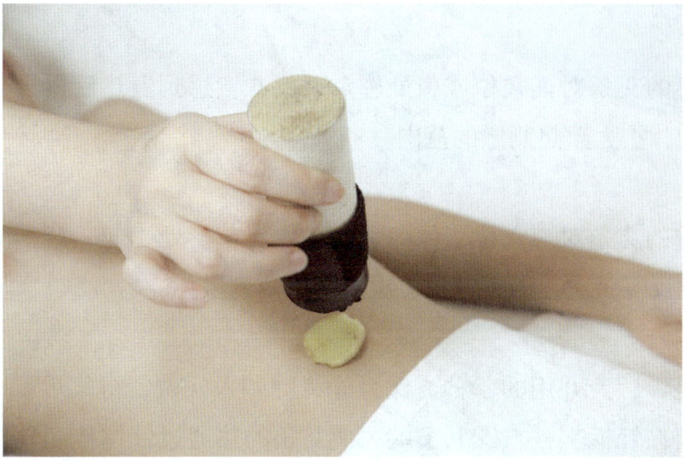

图 5-2 隔姜灸

小贴士

艾炷的大小、用量应因人体质及所灸部位的不同而有所区别。一般体弱者宜小宜少，体壮者宜大宜多。就部位而言，头部宜小宜少，腰腹部可增大增多，四肢末端宜少。

2. 艾条灸法（见图 5-3）

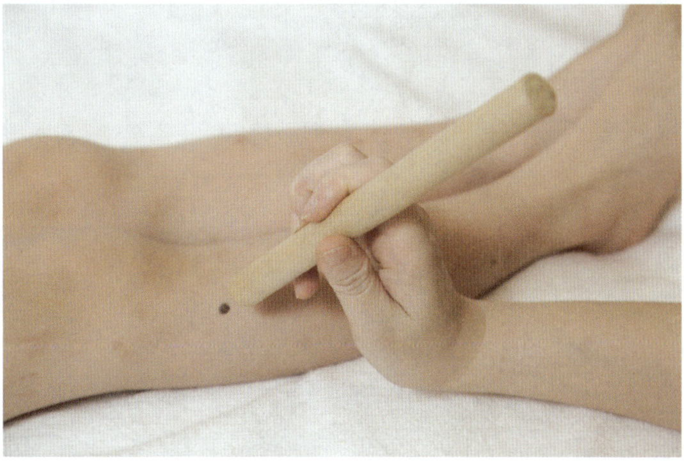

图 5-3 艾条灸法

（1）温和灸

该法将艾条一端点燃后对准穴位，在距皮肤约 2 cm 处施灸，以穴位处感到温热但不感到灼热为宜。

（2）熨热灸

该法将点燃的艾条对准穴位或患处施灸，待儿童感到温热后再将艾条缓慢地来回移动或绕圈移动，扩大温热刺激的范围。

（3）雀啄灸

该法将燃着的艾条对准穴位，像鸟啄食一样有节奏地一起一落，待儿童感觉热烫时就提起，如此反复多次，给予穴位多次短暂的热刺激。

3. 温针灸法

温针灸法是针、灸并用的一种方法，先将针刺入穴位，得气后取 2 ~ 3 cm 长的一段艾绒，将其套在针柄上，点燃其下端，使艾条的热通过针体传到穴位。温针灸法一般不用于儿童艾灸。

三、儿童艾灸常用穴位

1. 神阙

神阙位于肚脐，是循行于人体前面正中线任脉上的重要穴位，是神气出入的门户。艾灸神阙（见图 5–4）可以调理一切虚损的症状，具有补阳益气、温肾健脾的作用。一般可灸 7 ~ 15 壮。施灸时可采用间接灸法，如将盐填在肚脐眼中，用艾炷灸之。对先天、后天不足的儿童来说，艾灸神阙是非常舒适、有效的保健方法。

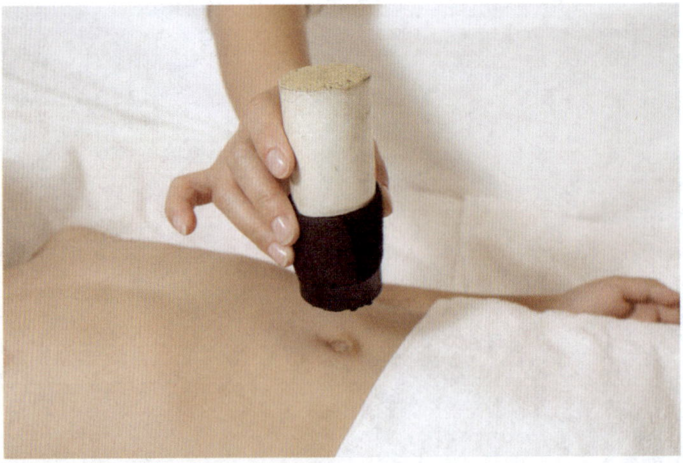

图 5–4　艾灸神阙

2. 身柱

身柱归属督脉，上连头顶，下通腰背，可谓一身之支柱。身柱位于后背部正中线上第三胸椎棘突下凹陷处。艾灸身柱（见图 5–5）可补气壮阳、宣肺泄热、清心凝神、镇咳，帮助缓解外感、胸肺、心神等方面疾病的症状，如感冒、身热头痛、咳嗽气喘、肺炎、癫痫、惊厥、神经衰弱、癔症等。对于儿童来说，艾灸身柱可强身除病，改善身体机能。当儿童体质虚弱，易因外感而患病及久病不愈时，建议艾灸身柱。

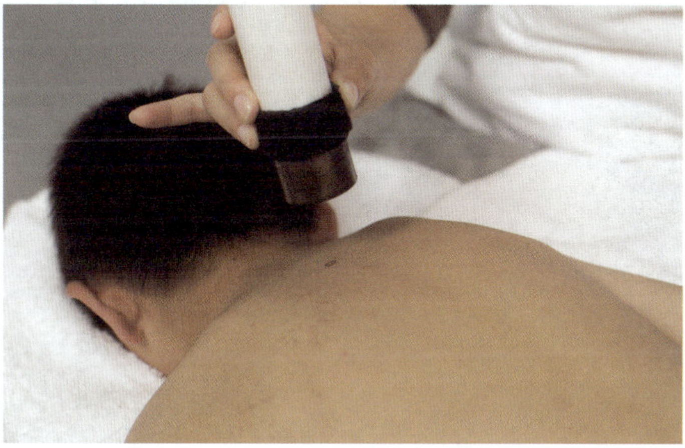

图 5–5　艾灸身柱

3. 肺俞

肺俞归属足太阳膀胱经，位于背部第三胸椎棘突下，旁开 1.5 寸处。肺俞是肺气转输、输注之处，是防治肺病的重要穴位。艾灸肺俞（见图 5–6）可以改善肺的功能，有解表宣肺、肃降肺气的作用，能调理咳嗽、哮喘、咯血、肺痨、过敏性鼻炎等症。

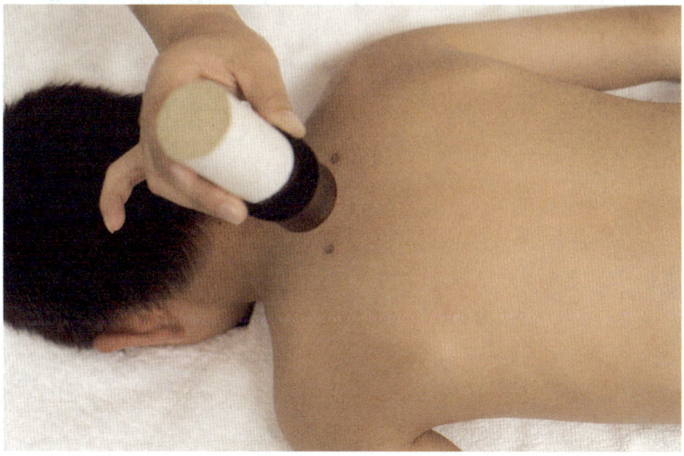

图 5–6　艾灸肺俞

4. 脾俞

脾俞归属足太阳膀胱经，位于人体背部第十一胸椎棘突下，旁开 1.5 寸处。脾俞的意思是脾的湿热之气由此外输膀胱经。脾俞是一个健脾的重要穴位，不仅能健脾利湿，还能促进脾胃的运转消化。艾灸脾俞（见图 5–7）可以缓解背痛、贫血以及由脾胃虚弱导致的腹胀、呕吐、便血等症。

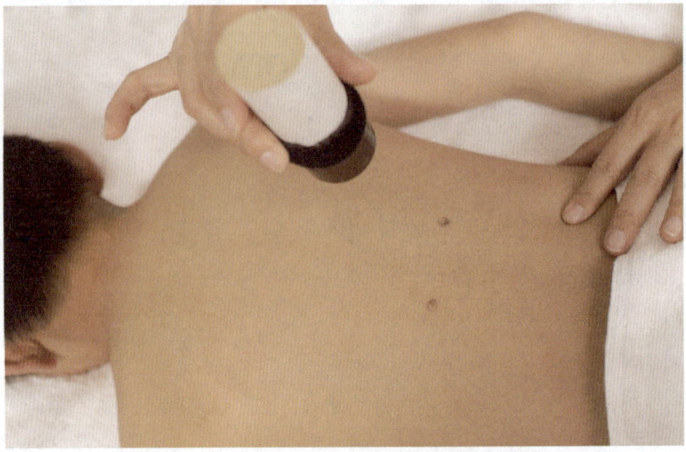

图 5–7　艾灸脾俞

5. 胃俞

胃俞归属足太阳膀胱经，位于人体背部第十二胸椎棘突下，旁开 1.5 寸处。胃俞的意思是胃的湿热之气由此外输膀胱经。艾灸胃俞（见图 5–8）有外散胃热、和胃健脾、疏热理气的作用，用于改善失眠以及消化不良、胃炎、腹胀、肠炎、反胃等症。

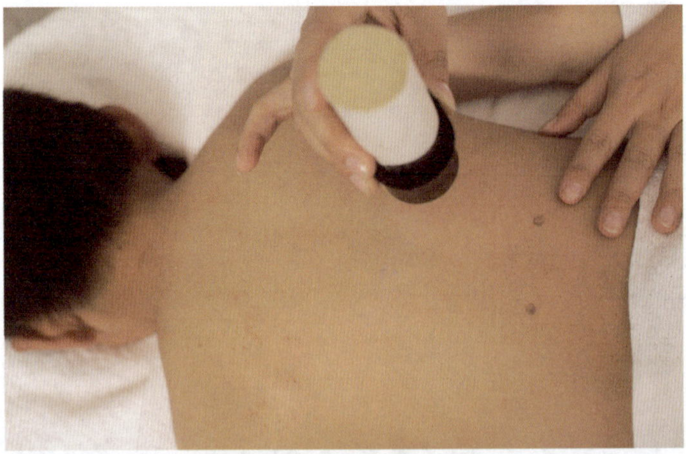

图 5–8　艾灸胃俞

6. 肝俞

肝俞归属足太阳膀胱经，位于背部第九胸椎棘突下，旁开 1.5 寸处。艾灸肝俞（见图 5-9）主要用于改善黄疸、背痛、胁痛、胃痛、吐血、衄血、眩晕、夜盲症、目赤、青光眼、癫痫、急慢性肝炎、胆囊炎、神经衰弱等症。

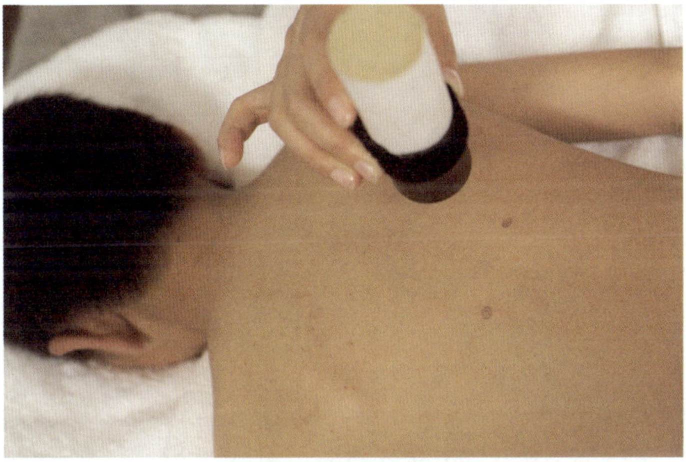

图 5-9　艾灸肝俞

7. 肾俞

肾俞归属足太阳膀胱经，位于第二腰椎棘突下，旁开 1.5 寸处。艾灸肾俞时一般采用俯卧的姿势，如图 5-10 所示。艾灸肾俞主要用于缓解腰痛、肾病、原发性高血压病、耳鸣等症。

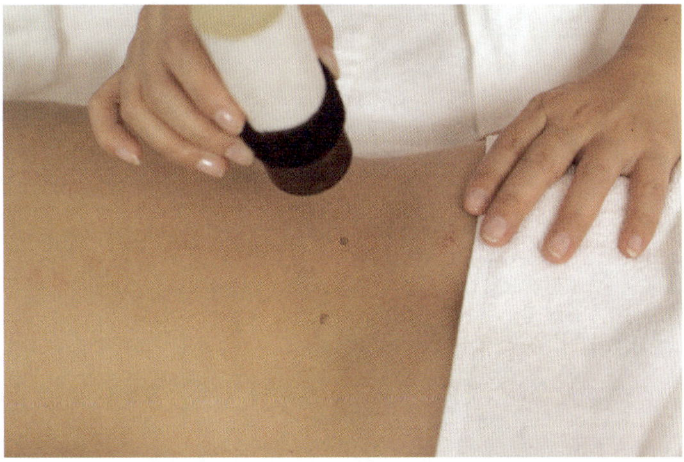

图 5-10　艾灸肾俞

8. 大椎

大椎是手足三阳经和督脉的阳气会合之穴，位于颈部下端第七颈椎棘突下凹陷处。手足三阳经的阳热之气由大椎汇入，并连同督脉的阳气一起上行至头颈。艾灸大椎（见图 5–11）可以缓解咳嗽、发热、呕吐、中暑、湿疹、皮肤过敏、黄疸等症，还可以调理肩颈痛、惊风、癫痫、五劳虚损等症。儿童常灸大椎，还可以增强免疫力、培补阳气、强身健体。

图 5–11　艾灸大椎

9. 中脘

中脘归属任脉，是任脉、手太阳小肠经、手少阳三焦经和足阳明胃经的交会之处。中脘位于上腹部前正中线上，脐中上 4 寸处。艾灸中脘（见图 5–12）有健脾益胃、培补后天、化湿和中、降逆止呕的作用。

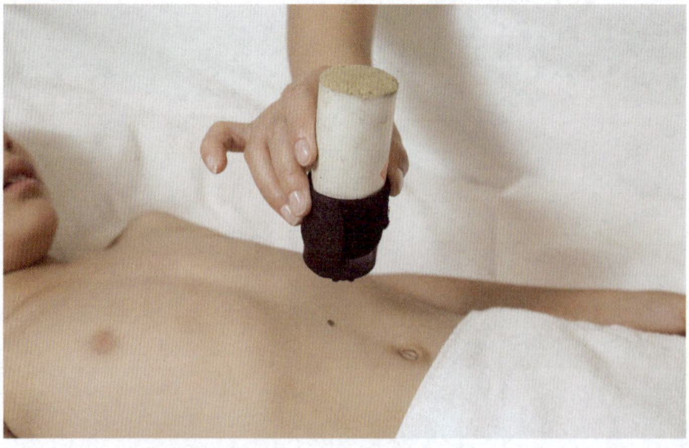

图 5–12　艾灸中脘

10. 关元

关元位于下腹部前正中线上，脐中下 3 寸处。关元是小肠的募穴，小肠之气结聚此穴，并经此穴输转至皮肤。关元是元阴元阳之气闭藏的门户，是男子藏精、女子藏血之处，是统摄元气之所。艾灸关元（见图 5-13）有强壮保健、温经散寒、通络止痛的作用。

图 5-13 艾灸关元

11. 三阴交

三阴交归属足太阴脾经，是足太阴脾经、足厥阴肝经、足少阴肾经三条阴经的交会之处，位于小腿内侧足内踝尖上 3 寸、胫骨内侧缘后方。艾灸三阴交（见图 5-14）有健脾益气、补肝滋肾、止血止痛等作用。艾灸三阴交主要用于缓解消化系统疾病如

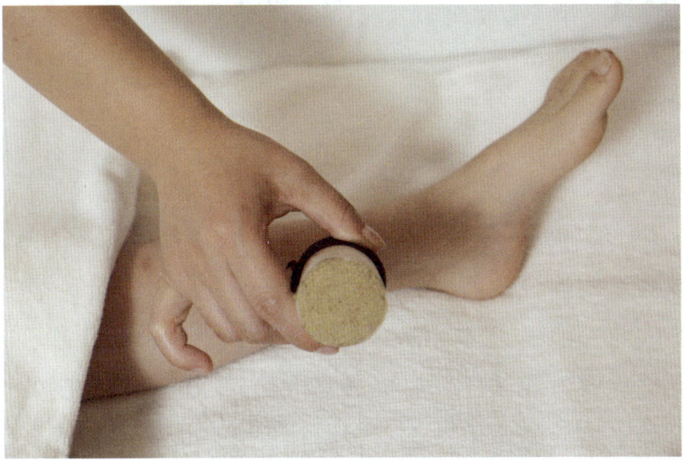

图 5-14 艾灸三阴交

肠鸣、腹胀、腹泻、肝脾肿大、腹部水肿、肝炎、胆囊炎等，泌尿生殖系统疾病如肾炎、尿路感染、尿失禁等，神经系统疾病如失眠、癫痫、神经衰弱等，血液循环系统疾病如原发性高血压病、血栓闭塞性脉管炎等，其他疾病如荨麻疹、神经性皮炎、脚气、糖尿病、踝关节及其周围组织病变等。儿童常灸三阴交可以调节肝脾肾三脏，有助生气血、促进生长发育的作用，能促进泌尿生殖系统的发育及其功能的完善，还可以预防遗尿。

12. 足三里

足三里归属足阳明胃经，位于小腿前外侧、犊鼻下 3 寸、距胫骨前缘一横指处。艾灸足三里（见图 5-15）能增强体质、缓解疲劳、强壮神经系统，对伤风感冒、肺心病等都可以有效缓解，有养生保健的作用；对耳鸣、眩晕、尿频、小便不通、遗精、早泄、哮喘等也都可以有效缓解，有补益肾气的作用；能加强下肢力量，可以预防四肢肿满、软弱无力等症，还可以预防坐骨神经痛、小儿麻痹、脚气等症，有健步的作用；对脾胃虚弱、食欲不振、腹泻、便秘、消化不良等症也都有很好的调理作用。

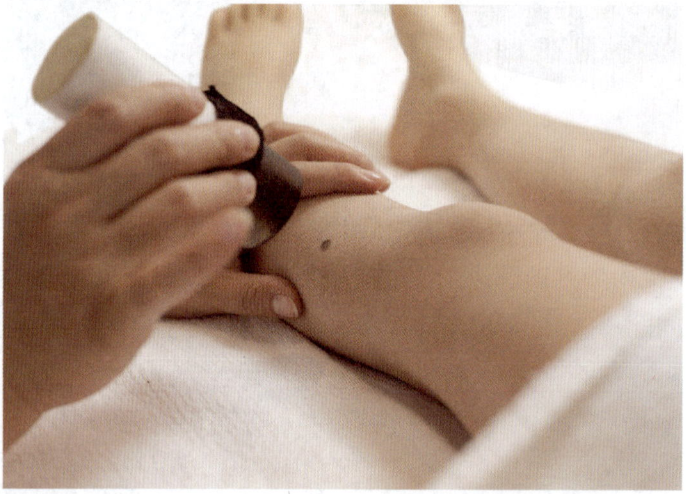

图 5-15　艾灸足三里

13. 涌泉

涌泉是足少阴肾经的第一穴，是肾经之井穴，位于足底前部凹陷处，第二趾、第三趾趾缝纹头端与足跟连线的前三分之一与后三分之二交点上。涌泉的意思是体内肾经的经水由此穴向外涌出。艾灸涌泉（见图 5-16）能补肾壮阳、养心安神，有调节神经系统、促进皮肤血液循环、加快毒素排出、降低血液黏度的作用，有活跃肾经、散热生气、固本培元的作用，还有缓解神经衰弱、精力减退、倦怠、失眠等症的作用。

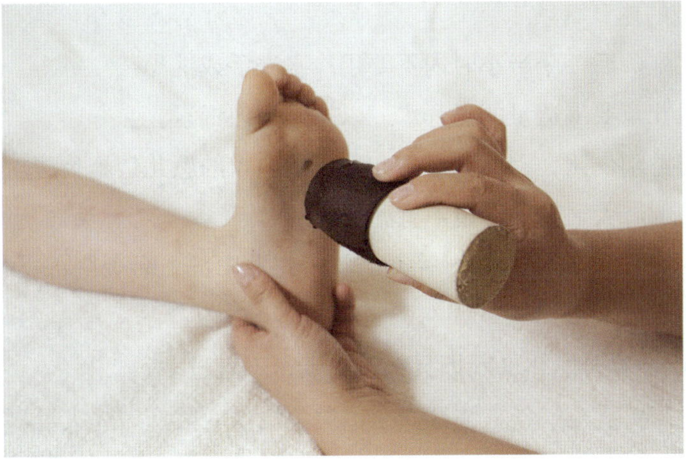

图 5-16 艾灸涌泉

14. 风池

风池归属足少阳胆经，位于枕骨下方，与风府相平，在胸锁乳突肌与斜方肌上端之间的凹陷处。风池的意思是胆经气血在此吸热后化为阳热风气。风是指穴内物质为天部的风气，池是指穴内物质富含水湿。艾灸风池（见图 5-17）可以缓解头痛、头重脚轻、眼睛疲劳、颈部酸痛、落枕、失眠等症。

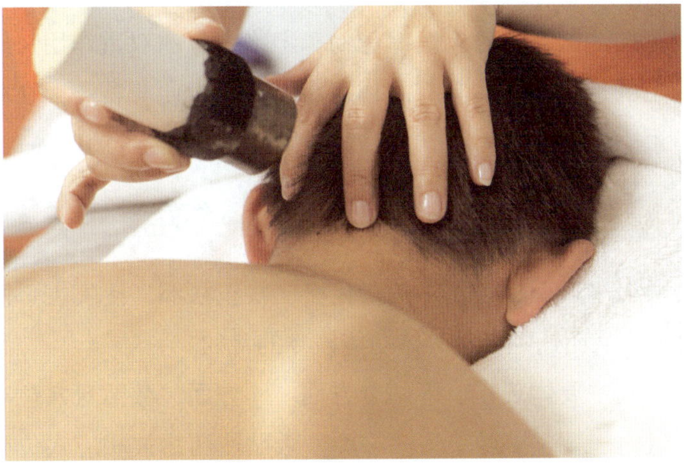

图 5-17 艾灸风池

四、儿童艾灸的适应证与注意事项

1. 儿童艾灸的适应证

儿童艾灸目前广泛用于咳嗽、脾胃不适、厌食、积食、便秘、哮喘、鼻炎、遗尿等症的保健预防。

2. 儿童艾灸的注意事项

（1）儿童在施灸后一个半小时内不要用冷水洗手或洗澡。

（2）施灸后儿童要喝适量的温开水，以排出体内毒素。

（3）艾灸能益阳伤阴，因此阴虚阳亢、邪热内炽的患儿禁施灸法。

（4）儿童脸部有大血管的部位不宜施灸。

（5）施灸时一般是先灸上部、后灸下部，先灸阳部、后灸阴部；壮数一般是先少后多，艾炷是先小后大。

（6）艾灸穴位时一般 2～3 壮即具补益功效，不宜过多。

（7）施灸时需要规范操作，注意安全，避免烧伤、烫伤、火灾等事故的发生。

第二节　儿童敷贴

敷贴是指将中药配制成丸、散、膏、糊、饼等剂型施于穴位，利用中药对穴位的刺激作用来养生保健及防治疾病的方法。

敷贴属于中医外治法，它可以发挥药物和经络穴位的双重作用，经皮肤给药的方式避免了肝和肠道的首过效应，具有副作用小、使用方便等特点，在养生保健领域具有独特的优势。

一、敷贴的调理功效

敷贴可以疏通经络、调和气血、解毒化瘀、扶正祛邪，使失去平衡的脏腑阴阳得到重新调整和改善，从而达到促进机体功能恢复的目的。

敷贴的调理功效主要体现在以下两个方面。一方面，敷贴对穴位有刺激作用，可疏通经络、调理气血、调整脏腑；另一方面，敷贴使药物被相应穴位或病变部位的皮肤吸收，随经脉循行，导入脏腑，直达病所，从而发挥药物的作用，即祛除病邪、消除病因、纠正阴阳的偏盛偏衰、恢复脏腑的协调功能。现代医学认为，敷贴以微小的药量产生明显的效果，与穴位和药物的综合作用有关。穴位作为脏腑气血的汇聚之处，对药物具有储存和放大作用。当药物通过穴位吸收时，二者相互激发、相互协调而产生整体效应，可以取得单纯用药或针灸所不能达到的效果。

另外，根据“春夏养阳”的原则，以及伏天人体气血旺盛、腠理开泄的特点，在三伏天进行敷贴，药力更易直达脏腑，可达到激发正气、防治疾病的目的。儿童患有哮喘、慢性支气管炎时，会在冬季发病或加重病情，因而在阳气旺盛而未发病的夏季提前预防，用敷贴进行调理，可以减轻其在冬季发病时的症状，促进其康复。

二、敷贴药物和操作方法

1. 敷贴药物

敷贴的基本药物是白芥子、延胡索、细辛、甘遂等。常用溶剂有水、白酒、黄酒、姜汁、蜂蜜、凡士林等，还可根据症状应用药物浸膏做溶剂。

2. 敷贴操作方法

（1）选穴

敷贴选穴应力求少而精，一般多选用病变处的穴位或经验穴。神阙、大椎、涌泉以及肺经、膀胱经上的穴位是临床上比较常用的穴位。

神阙位于腹部中央，外联经络毛窍，内应五脏六腑，为诸脉汇聚之处，药物贴于该穴位，可以激发经络脏腑之气，疏通经络、通调水道、调和气血，达到防治疾病的目的。现代医学研究认为，肚脐皮肤的角质层很薄，其下无脂肪组织，其皮肤筋膜和腹膜直接相连，故渗透性较好，药物分子易透过肚脐皮肤的角质层进入细胞间质，迅速弥散入血而到达全身。

肺俞、心俞、脾俞、肾俞也是比较常用的穴位。肺俞止咳化痰，心俞养血安神，脾俞培土生金，肾俞纳气固本。它们集中在背部交感神经处，在这些穴位上敷贴药物，可使三焦相通、阴阳平衡，达到“正气内存，邪不可干”的防病治病效果。

（2）敷贴

定准穴位后，先用75%酒精棉球擦净穴位处，然后用纱布或胶布固定药物。儿童敷贴时间一般是4～6小时。视药物刺激程度和个体敏感性的不同，敷贴时间也可以做适当调整，要考虑儿童的耐受力。如果需要再次敷贴，应待局部皮肤基本恢复正常后再进行。换药时，可用消毒干棉球蘸温水（或植物油、液态石蜡）轻轻地揩去粘在皮肤上的药物，擦干净后再敷药。

三、运用实例

1. 冬病夏治三伏贴

（1）方法

1）药物。将白芥子、延胡索、细辛和甘遂按2：2：1：1的比例研成细末，用姜汁调和，做成直径约3 cm、高约1 cm的扁圆形药饼。

2）选穴。主穴选取大椎、肺俞、膏肓俞、风门，酌加配穴天突、脾俞、肾俞、足三里。

3）时间。于每年夏季三伏天的初、中、末伏各贴药 1 次，连续应用 3 年。

4）操作。将药饼用医用胶布固定，或将药饼摊在麝香壮骨膏中心，再贴在穴位上。

（2）适应证

冬病夏治三伏贴适用于经中医辨证属虚寒证的支气管哮喘、慢性支气管炎、肺气肿、肺心病、慢性呼吸衰竭、慢性咳嗽、反复感冒、慢性鼻炎、慢性咽炎等肺系疾病。

2. 调理幼儿营养不良（疳病）的敷贴

（1）药物

药物由山楂、丁香、胡椒、杏仁、皮硝组成。

（2）选穴与操作

敷贴脐部神阙，如图 5–18 所示。

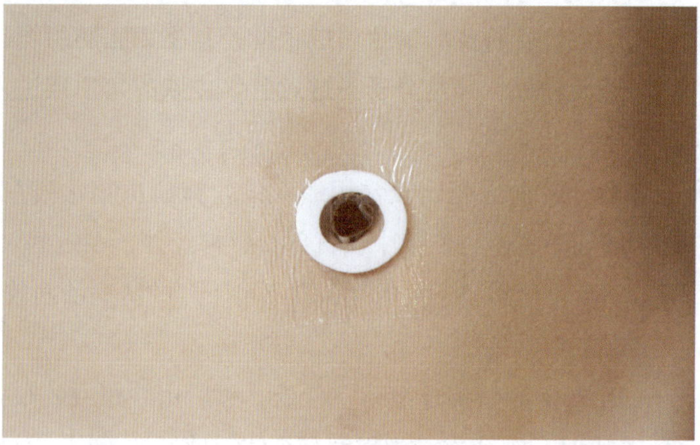

图 5–18　敷贴脐部神阙

（3）时间

每晚睡前进行敷贴，翌日晨起除去，连敷 5 次为一个疗程。

四、注意事项

1. 敷贴后局部皮肤微红或有色素沉积、轻度瘙痒均为正常反应，不影响疗效。当敷贴后局部皮肤出现刺痒难忍、灼热、疼痛的感觉时，应立即取下药物，禁止抓挠，且不宜擅自涂抹药物，一般可自行痊愈。若皮肤出现红肿、水泡等严重反应，应及时到皮肤科就医。

2. 敷贴期间注意禁食生冷、刺激性食物，禁食海鲜等发物。敷贴期间要保证充足的睡眠，勿吹冷空调，勿洗凉水澡。冬季应注意身体的保暖，以免因寒冷而使毛孔收缩，影响药物吸收。

3. 敷贴后要注意药物的固定，以防药物流失。勿大量出汗以免药物脱落。

4. 对体弱消瘦及有严重心脏病、肝病的儿童进行敷贴时，药物的用量不宜过大，敷贴时间不宜过长。

5. 穴位贴药加灸时要把握好温度，以防烫伤。

6. 外敷时要注意药物的湿度，若药物变干，则必须随时更换，以防皮肤受损而引起疼痛或溃疡。

7. 敷贴的禁忌证具体如下：过敏体质者、严重心肺功能障碍者，疾病处于急性发作期、发热期间，接触性皮炎患者以及长有疱或疖、局部皮肤有破损者，糖尿病血糖控制不佳者。另外，2 岁以下的婴幼儿不宜敷贴。

第六章

儿童营养指导

健康的饮食是以每日摄入有营养的食物为基础的。如何合理安排和设计膳食计划，是儿童营养指导的主要工作。尽管不同地方的饮食风俗和习惯存在差异，但保证平衡膳食仍是最基本的原则。因此，应认识各生长阶段儿童的营养需求，根据需求进行膳食的科学搭配，以保证儿童所摄入的营养素合理，减少和预防营养缺乏症，促进儿童健康成长。

第一节　婴儿期营养指导

一、婴儿期营养需求

婴儿期的营养至关重要，良好的营养供给能为婴儿将来的健康发展打下坚实的基础。

1. 能量

婴儿新陈代谢十分旺盛，基础代谢速度较快，加之婴儿又必须合成较多的身体成分以供其快速生长，所以所需能量较多。婴儿刚出生时每千克体重约需 25 千卡［千卡又称大卡（kcal），1 kcal ≈ 4 185.9 J］能量。

2. 蛋白质

婴儿每日每千克体重所需的蛋白质为 1.8 ~ 2.4 克。蛋白质主要用于形成新生组织，应满足组织量增长的需求。

3. 脂肪

脂肪的作用除了提供热量，更重要的是提供人体必需的脂肪酸，以满足婴儿生长发育需求及维持皮肤的健康。

4. 维生素

对于一般的维生素，婴儿能从母乳中获得足够的量，但是维生素 C 和维生素 D 却不可以。因此，这两种维生素应适时从辅食或其他营养补充剂中获得。

5. 矿物质

如果婴儿能够摄入足够的奶量，就能够获得除了铁质之外的所有矿物质。4 月龄的婴儿必须开始适当添加铁质营养剂，以满足身体对铁质的需求。

二、婴儿喂养要求

1. 0 ~ 4 月龄婴儿

（1）尽量母乳喂养。

（2）产后尽早开奶，因为初乳营养最好。

（3）在条件允许的情况下，早抱婴儿到户外活动，或适当为其补充维生素 D。

（4）及时补充维生素 C。

（5）不能纯母乳喂养时，宜首先选择婴儿配方奶粉。

（6）定期监测生长发育情况。

2. 5 ~ 12 月龄婴儿

（1）奶类优先，尽量继续母乳喂养。

（2）及时添加合理的辅食。

（3）尝试多种多样的膳食，膳食中要求无糖、无盐、无其他调味品。

（4）逐渐让婴儿自己进食，养成良好的进食习惯。

（5）定期监测生长发育情况。

（6）注意饮食卫生。

三、婴儿辅食的添加原则

1. 4 ~ 6 月龄婴儿

4 ~ 6 月龄婴儿的主要食物是奶和奶制品，其每日饮奶量宜为 600 ~ 1 000 毫升。可以对婴儿进行规律哺乳的训练，一般以每日哺乳 5 次、间隔 4 小时为宜。

对于 4 ~ 6 月龄的婴儿，每日适当添加辅食即可，一般可在婴儿小睡起床之后添加。辅食要呈泥糊状，滑软、易咽，不要加任何调味品（如糖、盐、味精、鸡精、酱油、香油等）。对于不太爱吃泥糊状辅食的婴儿，可先喂泥糊状辅食再喂奶；对于特别爱吃泥糊状辅食的婴儿，可先喂奶再喂泥糊状辅食。

2. 7～9 月龄婴儿

7～9 月龄婴儿的主要食物仍是奶和奶制品，每日饮奶量宜为 600～1 000 毫升。每日可按三餐添加辅食，辅食应少盐、不放糖，具体注意事项如下。

（1）应勤观察婴儿的大便，如果婴儿大便中有未消化的食物，则需要降低辅食的摄入量，或将辅食做得更精细一些。如果婴儿出现腹泻症状，则表明其消化不良，需要停止添加辅食。

（2）不要喂太多辅食，因为如果辅食喂得过多，婴儿可能会自动减少饮奶量。

（3）应经常更换辅食，总是吃一种食物会让婴儿厌烦，当其拒绝吃曾经爱吃的辅食时，就说明需要换口味了。

（4）不要把多种食物混在一起制成辅食，以免婴儿过敏后不易找出致敏食物。

3. 10～12 月龄婴儿

对于 10～12 月龄婴儿，饮食结构应开始向三餐两顿奶转变，同时保证一日饮奶量不少于 600 毫升。在添加固体辅食的时候需要注意其软硬度，如水果类可以稍硬一些，但是肉类、菜类、主食类还应该软一些。因为此时婴儿的乳牙还没有长全，如果食物过硬，婴儿不容易嚼烂，容易发生危险。婴儿用手拿食物吃时，旁边应有成人看护，且要让其坐好再吃。成人不要在婴儿玩耍的时候喂其吃东西。

四、常见婴儿营养问题

1. 蛋白质营养不良

（1）水肿型营养不良

水肿型营养不良是指能量摄入基本满足需求但蛋白质摄入严重不足，主要症状为腹部、腿部水肿，虚弱，表情淡漠，生长滞缓，头发变色、变脆并易脱落，易感染等。

（2）干瘦型营养不良

干瘦型营养不良是指蛋白质和热量摄入均严重不足，患儿消瘦无力，易感染其他疾病而死亡。

2. 佝偻病

佝偻病以 3～18 月龄的婴幼儿最为多见，主要是由于维生素 D 及其活性代谢产物缺乏而造成的。发病初期表现为血钙降低引起的神经兴奋性增强，如多汗、夜惊、抽搐等；病情进一步发展，则表现为头枕部头发脱落、囟门闭合迟缓、方颅、鸡胸等。

3. 缺铁性贫血

缺铁性贫血是6月龄～3岁婴幼儿的常见病和多发病，多胎儿与早产儿易患该病。主要症状为易烦躁，抗感染能力下降，常有心慌、气短、头晕、眼花、精力不集中的情况。

五、婴儿营养食谱

可结合当地情况搭配多种食物，以保证婴儿摄入均衡的营养，下面提供一些婴儿营养食谱供参考。

1. 5月龄婴儿营养食谱

（1）主食

每隔4小时喂1次母乳，时间可在上午6：00和10：00、下午2：00和6：00、晚10：00。

（2）辅食

1）温开水、凉开水、鲜果汁、蔬菜汁或蔬菜汤等：任选1种，每次喂母乳时添加95毫升。

2）浓米汤：每日1次，可在上午10：00喂母乳时添加，开始每次2汤匙，之后逐渐加至每次4汤匙。

3）蛋黄泥：每日上午10：00、下午2：00喂母乳时各添加1次，适量。

4）浓缩鱼肝油：每日2次，每次2～3滴。

2. 6月龄婴儿营养食谱

（1）主食

每隔4小时喂1次母乳，时间可在上午6：00和10：00、下午2：00和6：00、晚10：00。

（2）辅食

1）温开水、鲜果汁、蔬菜汤等：任选1种，每次喂母乳时添加100毫升。

2）浓缩鱼肝油：每日2次，每次2～3滴。

3）烂米粥、面片汤：每日2次，时间可在上午10：00、下午2：00，即在两次喂母乳时添加，开始每次1～2汤匙，之后逐渐加至每次4汤匙。

4）肉末：与烂米粥或面片汤一起食用，每次3～10克。

3. 7月龄婴儿营养食谱

（1）主食

母乳、牛奶或豆浆，每日少喂1次母乳，如上午10：00用牛奶或豆浆代替母乳。

（2）辅食

1）水和鲜果汁等由天然食材制成的饮料：任选 1 种，在下午 2：00 喂母乳时添加 110 毫升。

2）浓缩鱼肝油：每日 2 次，每次 2 ~ 3 滴。

3）蔬菜泥、碎菜：每日 1 次，可在下午 6：00 喂母乳时添加 1 ~ 2 汤匙。

4）馒头干、饼干：让婴儿自己啃食，以锻炼咀嚼能力，有助于牙齿的生长。

5）鱼泥：先将鱼蒸熟、去皮、去刺，再将鱼肉捣成泥状，初期喂 1 汤匙，若没有不适可逐渐地加量。

4. 8 月龄婴儿营养食谱

（1）主食

母乳及其他食物如牛奶、豆浆、稠粥、面片等。可在上午 6：00、下午 2：00 和 6：00、晚 10：00 喂母乳，在上午 10：00 喂其他食物。

（2）辅食

1）水和鲜果汁等由天然食材制成的饮料：任选 1 种，在下午 2：00 喂母乳时添加 120 毫升。

2）水果泥、蒸蛋羹：可在上午 10：00 喂其他食物时添加 1 ~ 2 汤匙。

3）浓缩鱼肝油：每日 2 次，每次 3 滴。

4）猪肝泥、瘦肉末：任选 1 种，每日 1 次（猪肝泥每次 15 克，瘦肉末每次 20 克）。

5. 9 月龄婴儿营养食谱

（1）主食

母乳及其他食物如稠粥、面片等。可在上午 6：00、下午 6：00 和晚 10：00 喂母乳，在上午 10：00 和下午 2：00 喂其他食物。

（2）辅食

1）温开水、鲜果汁、山楂水等：任选 1 种，在上午 10：00 喂其他食物时添加 120 毫升。

2）浓缩鱼肝油：每日 2 次，每次 3 滴。

3）豆腐脑、鸡汁、牛肉汤：任选 1 种，每日 1 ~ 2 汤匙，在下午 6：00 喂母乳时添加。

6. 10 月龄婴儿营养食谱

（1）主食

母乳及其他食物如稠粥、菜肉粥、面片、饼干等。母乳及其他食物的喂养时间与 9 月龄婴儿基本相同，只是可在下午 6：00 喂母乳前适量添加粥、饼干等食物，为再次减少喂母乳次数做准备。

（2）辅食

1）水和鲜果汁等由天然食材制成的饮料：任选1种，在上午10：00喂其他食物时添加120毫升。

2）浓缩鱼肝油：每日2次，每次3滴。

3）嫩豆腐、鱼松：每日1~2汤匙，可在下午6：00喂母乳时添加。

7. 11月龄婴儿营养食谱

（1）主食

母乳及其他食物如稠粥、菜肉粥、牛奶、豆浆、豆腐脑、面片、烂面条等。在上午6：00和晚10：00各喂母乳1次；在上午10：00喂稠粥或菜肉粥1小碗；在下午2：00喂牛奶、豆浆或豆腐脑，任选1种，喂100毫升；在下午6：00喂面片或烂面条1小碗。

（2）辅食

1）水、鲜果汁、水果泥等：任选1种，在上午10：00喂母乳时添加120毫升。

2）浓缩鱼肝油：每日2次，每次3滴。

3）各种蔬菜泥、肉末、肉汤、碎肉：任选1种，在下午6：00时添加适量。

4）鸡蛋：在上午6：00时添加半个鸡蛋。

8. 12月龄婴儿营养食谱

（1）主食

母乳及其他食物如牛奶、豆浆、面包片、馒头片、稀粥、面片、面条、豆腐脑等。在上午6：00喂母乳或牛奶、豆浆190毫升；在上午10：00喂面包片或馒头片适量，稀粥1小碗；在下午2：00喂面片或面条1小碗；在下午6：00喂稠粥或豆腐脑1小碗；在晚10：00喂母乳或牛奶190毫升。

（2）辅食

1）水、鲜果汁、水果泥、果酱等：在下午2：00时添加120毫升。

2）浓缩鱼肝油：每日2次，每次3滴。

3）肉类：每隔数日添加1次，每次10~30克。

4）蔬菜、豆腐等：每日1次，每次50~100克，可逐渐地加量。

5）蔬菜泥、蛋泥、蛋羹、鱼肉松：任选1~2种，在上午10：00、下午2：00和6：00时添加适量。

6）引导婴儿饮用适量的白开水，并培养婴儿用勺和杯子喝水。

第二节　幼儿期营养指导

一、幼儿期营养需求

在幼儿期，幼儿仍处于生长发育的旺盛阶段，对蛋白质、脂肪、碳水化合物及其他营养素的需求量相对高于成人。

1. 能量

幼儿通过摄入能量物质来进行基础代谢、身体活动，并满足生长发育所需。我国1岁、2岁和3岁幼儿每日的能量需要量如下：男孩分别为900千卡（约3 767 kJ）、1 090千卡（约4 563 kJ）和1 250千卡（约5 232 kJ）；女孩分别为800千卡（约3 349 kJ）、1 000千卡（约4 186 kJ）和1 200千卡（约5 023 kJ）。

2. 蛋白质

幼儿对蛋白质的需求量不仅比成人高，对蛋白质的质量要求也比成人高，一般要求蛋白质所供能量应占膳食总能量的12%～15%，且至少一半应为优质蛋白质。我国1岁、2岁和3岁幼儿每日的蛋白质参考摄入量分别为25克、25克和30克。

3. 脂肪

对于幼儿来说，由脂肪提供的能量占膳食总能量的30%～35%为宜。

4. 碳水化合物

幼儿的活动量较大，与婴儿相比，对碳水化合物的需求量更多。幼儿2岁以后应适当增加淀粉类食物的摄入量，其所供能量应占膳食总能量的50%～55%。注意，尽量避免选择含有太多膳食纤维的食物。

5. 矿物质

幼儿必需而又容易缺乏的矿物质主要有钙、铁、锌等。我国1～3岁幼儿每日的钙参考摄入量为600毫克，可以食用奶或奶制品、豆制品、蛋类、虾皮、绿叶蔬菜等富含钙的食物。在幼儿期，缺铁性贫血是一种常见疾病，我国1～3岁幼儿每日的铁参考摄入量为9毫克，幼儿可通过吃蛋黄、猪肝、猪肉、牛肉、豆类等补充铁。我国1～3岁幼儿每日的锌参考摄入量为4毫克，贝类、动物内脏、蘑菇、坚果类、豆类、肉类和蛋类是较好的锌的膳食来源。

6. 维生素

各类维生素的摄入对幼儿的生长发育至关重要，其中维生素 A、维生素 D 的摄入较为关键。

我国幼儿每日的维生素 A 参考摄入量为 310 微克（视黄酮活性当量），许多动物性食物如肝、肾、蛋类等以及植物性食物如胡萝卜、甘薯、黄瓜、西红柿、菠菜、橘子、香蕉等所含维生素 A 较多，但应适量摄入，以避免维生素 A 过量引发中毒。

幼儿易缺乏维生素 D，因为维生素 D 的膳食来源较少，而主要通过阳光照射皮肤后，将体内的胆固醇转变为维生素 D。我国幼儿每日的维生素 D 参考摄入量为 10 微克。为了防止幼儿缺乏维生素 D，可让幼儿食用含维生素 D 的鱼肝油。

另外，我国幼儿每日的维生素 C 参考摄入量为 40 毫克。

二、幼儿膳食安排

幼儿膳食结构的主要特点是从婴儿期以奶类为主、以食物为辅，转变为以食物为主、以奶类为辅。膳食的烹调方法及所用食材已越来越接近一般饮食，但这种改变应与幼儿消化代谢功能的逐步完善相适应，不能操之过急，以免造成幼儿消化、吸收功能的紊乱。

1. 膳食结构正确

幼儿膳食结构应做到数量足、质量高、品种多、营养全，必须能供给足够的能量和各种营养素，且摄入的各种营养素应保持平衡。

应注意以下膳食结构误区。

（1）如果断母乳后只给幼儿喂白粥或汤泡饭，则蛋白质、脂肪的供应不足，幼儿生长发育迟缓，抵抗力降低。

（2）如果只多供给幼儿蛋类、奶类、肉类等高蛋白质食物，则其碳水化合物的摄入可能不足，往往不能保证能量的供给。

（3）有些幼儿很少吃蔬菜、水果，则会缺乏钙、铁等矿物质以及维生素。

2. 合理烹调

合理烹调的目的是照顾幼儿的进食习惯和消化能力，在食物烹调上下功夫，以保证幼儿膳食满足以下烹调要求。

（1）细、软、烂

1）面条要软烂。

2）面食以发面为宜。

3）肉、菜要切成碎末，鸡、鱼要去骨、去刺。

4）黄豆以及花生等坚果类食物应先磨碎，再制成泥糊状。

5）瓜果去皮、去核。

6）少用含粗纤维较多的食材。

7）尽量不给幼儿吃香肠、火腿、红肠等腌制食品和熟食，以及油炸食品。

（2）视觉上美观、嗅觉上诱人

幼儿天性好奇、爱美，外形美观、花样翻新、气味诱人的食品能刺激食欲，促进消化液的分泌，增强消化功能。

（3）保留维生素

1）与捞饭相比，蒸米饭或焖米饭损失的蛋白质、维生素较少。

2）要选用新鲜的蔬菜，宜先洗后切、急火快炒，减少维生素的流失。

3）炒菜、熬粥时都不应放碱，以免水溶性 B 族维生素等被严重破坏。

4）吃肉时要喝汤，这样可以摄入大量的脂溶性维生素。

5）高温油炸这种烹调方法会使食物中的维生素损失近一半，且成品不易消化，应尽量少用或不用。

3. 定时、定量

食物在胃内的停留时间为 4 ~ 5 小时，所以幼儿每餐的间隙以 4 ~ 5 小时为宜。每日可为幼儿安排三餐两点（点是指加餐），一般可安排早、中、晚三餐，并在两次正餐之间加餐，加餐食物可以是奶类、豆浆、点心、水果、鲜果汁、碎果仁等。

清晨时幼儿胃内已基本排空，食欲正旺，因此早餐应是热量充足、营养丰富的；午餐应比早餐和晚餐更丰富一些；晚餐不宜多食高糖食物和肥腻的动物性食物，以免热量蓄积导致肥胖，或蛋白质摄入过量刺激神经系统致失眠，而宜多食植物性食物，特别是蔬菜、水果。每晚应让幼儿喝一杯牛奶，有助睡眠。

4. 培养饮食习惯

当为幼儿提供一种新食物时，要说明为什么吃这种食物，如果幼儿不喜欢吃，可以改变烹调方法，引起幼儿对这种食物的兴趣。例如，幼儿不爱吃炒青菜，可将成做成素馅包子或饺子、菜饼等。注意，不要在吃饭前或吃饭时责备幼儿。有的幼儿吃饭较慢（正常时间应在 30 分钟左右），甚至故意拖延时间，成人则应耐心劝导其好好吃饭。

三、幼儿食物的选择注意事项

幼儿的消化系统仍不成熟，咀嚼尚不熟练，但生长发育较快，故应选择营养丰富、易消化的食物。

1. 每日应喂不少于相当350毫升液态奶的幼儿配方奶粉，不宜直接喂普通液态奶、成人奶粉、蛋白粉等。

2. 食材的选择应多样化，注意粗细搭配、荤素搭配。例如，主食除了用大米、面粉制作外，应常用小米、玉米、黑米等杂粮搭配制作。又如，可适当地交替选用蛋类、鱼禽畜类、豆制品等富含优质蛋白质的食物。

3. 蔬菜最好选择时令性的，尤其是橙色蔬菜如胡萝卜、南瓜，以及绿叶蔬菜如小白菜、菠菜、茴香等。

四、幼儿营养食谱

1. 13～18月龄幼儿营养食谱

（1）星期一

1）早餐：配方奶或5%糖牛奶210毫升，红枣山药大米粥（大米25克、去核红枣5枚、山药2～3片）。

2）加餐：配方奶或5%糖牛奶110毫升，饼干1块，苹果半个（切成片或榨成汁）。

3）午餐：软米饭（大米30克），胡萝卜炒鳝丝（鳝丝25克、胡萝卜25克）。

4）加餐：红枣粥（大米15克、去核红枣10克、糖适量），香蕉半根。

5）晚餐：鱼汤青菜面（鲜鱼35克、面条25克、青菜25克、油2克、盐适量）。

6）加餐：配方奶或5%糖牛奶210毫升。

（2）星期二

1）早餐：配方奶或5%糖牛奶210毫升，猪肝青菜粥（大米25克、青菜25克、猪肝20克、油2克、盐适量）。

2）加餐：配方奶或5%糖牛奶110毫升，饼干1块，橘子汁100毫升。

3）午餐：软米饭（大米30克），卷心菜炒猪肝（猪肝25克、卷心菜25克、胡萝卜15克、油4克、盐适量）。

4）加餐：青豆粥（大米15克、青豆3克、糖适量），苹果半个（切成片或榨成汁）。

5）晚餐：青菜鸡丝面（面条25克、青菜30克、鸡丝25克、胡萝卜10克、油2克、盐适量）。

6）加餐：配方奶或5%糖牛奶210毫升。

（3）星期三

1）早餐：配方奶或5%糖牛奶210毫升，水果麦片小米粥（小米25克、新鲜水果25克、麦片10克）。

2）加餐：配方奶或5%糖牛奶110毫升，饼干1块，苹果半个（切成片或榨成汁）。

3）午餐：软米饭（大米30克），白菜炒鸡肝（白菜25克、鸡肝25克、胡萝卜15克、油4克、盐适量）。

4）加餐：小蛋糕1个，鲜果汁100毫升。

5）晚餐：（上汤）猪肝碎菜煨面（猪肝泥30克、胡萝卜25克、青菜25克、面条25克、油2克、盐适量）。

6）加餐：配方奶或5%糖牛奶210毫升。

（4）星期四

1）早餐：配方奶或5%糖牛奶210毫升，青菜瘦肉小米粥（小米25克、青菜25克、瘦肉末20克、油2克、盐适量）。

2）加餐：配方奶或5%糖牛奶110毫升，饼干1块，香蕉半根。

3）午餐：软米饭（大米30克），西红柿炒鱼片（鱼片25克、西红柿20克、油3克、盐适量）。

4）加餐：蒸蛋羹（鸡蛋1个、香油2克、水适量），猕猴桃1个。

5）晚餐：鸡汤青菜面（鸡肉35克、青菜25克、面条25克、油3克、盐适量）。

6）加餐：配方奶或5%糖牛奶210毫升。

（5）星期五

1）早餐：配方奶或5%糖牛奶210毫升，山药小米粥（小米25克、山药适量、蜂蜜适量）。

2）加餐：配方奶或5%糖牛奶110毫升，饼干1块，香蕉半根。

3）午餐：软米饭（大米30克），肉末土豆丝（肉末25克、土豆丝25克、胡萝卜10克、油4克、盐适量）。

4）加餐：面包2片，果酱适量，西瓜汁100毫升。

5）晚餐：西红柿蛋花面（面条25克、鸡蛋1个、西红柿25克、油3克、盐适量）。

6）加餐：配方奶或5%糖牛奶210毫升。

（6）星期六

1）早餐：配方奶或5%糖牛奶210毫升，虾茸粥（大米25克，虾茸20克，油2克，盐适量，青菜、葱花各少许）。

2）加餐：配方奶或5%糖牛奶110毫升，饼干1块，西瓜汁50～100毫升。

3）午餐：软米饭（大米 30 克），虾仁蒸蛋（虾仁 10 克、鸡蛋 1 个、香油 2 克）。

4）加餐：蒸南瓜（南瓜 50 克），梨汁 100 毫升。

5）晚餐：菠萝蛋花面（面条 25 克、鸡蛋 1 个、菠萝 25 克、油 3 克、盐适量）。

6）加餐：配方奶或 5% 糖牛奶 210 毫升。

（7）星期日

1）早餐：配方奶或 5% 糖牛奶 210 毫升，鸡蛋麦片糊（鸡蛋 1 个、麦片 15 克）。

2）加餐：配方奶或 5% 糖牛奶 110 毫升，饼干 1 块，梨半个（切成片或榨成汁）。

3）午餐：软米饭（大米 30 克），卷心菜炒牛肉（牛肉末 25 克、卷心菜 25 克、洋葱 10 克、油 4 克、盐适量）。

4）加餐：营养奶糊（奶糊 20 克），橘子 1 个。

5）晚餐：鳝丝青菜面（鳝丝 25 克、面条 25 克、胡萝卜 15 克、油 4 克、盐适量）。

6）加餐：配方奶或 5% 糖牛奶 210 毫升。

2. 19～36 月龄幼儿营养食谱

（1）星期一

1）早餐：配方奶或 5% 糖牛奶 210 毫升，鸡蛋葱油饼（鸡蛋 1 个，面粉 25 克，盐适量）。

2）加餐：豆浆 100 毫升，饼干 2 块。

3）午餐：软米饭（大米 40 克），虾仁炒鸡蛋（鸡蛋 1 个、虾仁 10 克、油 5 克、盐适量），青菜香菇鸡汤（鸡汤适量、青菜 30 克、香菇 3 克、油 2 克、盐适量）。

4）加餐：地瓜粥（大米 20 克、地瓜适量、油 2 克、盐适量），香蕉 1 根。

5）晚餐：猪肝青菜烩面片（面片 40 克、猪肝 30 克、青菜 20 克、油 3 克、盐适量）。

6）加餐：配方奶或 5% 糖牛奶 210 毫升。

（2）星期二

1）早餐：配方奶或 5% 糖牛奶 210 毫升，山药小米粥（小米 35 克、山药适量）。

2）加餐：配方奶或 5% 糖牛奶 100 毫升，饼干 2 块。

3）午餐：软米饭（大米 40 克），茭白炒鳝丝（鳝丝 35 克、茭白 25 克、油 4 克、盐适量），油焖茄子（茄子 50 克、油 4 克、盐适量），青菜鱼丸汤（鱼肉 40 克、青菜 30 克、油 2 克、盐适量）。

4）加餐：蒸蛋羹（鸡蛋 1 个、水适量、香油 2 克、盐适量），梨 1 个。

5）晚餐：白萝卜青菜面（面条 40 克、青菜 35 克、白萝卜 30 克、黑木耳 2 克、香油 2 克、盐适量）。

6）加餐：配方奶或 5% 糖牛奶 210 毫升。

（3）星期三

1）早餐：配方奶或 5% 糖牛奶 210 毫升，小笼包（面粉 25 克、猪肉末 25 克、油 3 克、葱 1 克、盐适量）。

2）加餐：豆浆 100 毫升，饼干 2 块。

3）午餐：软米饭（大米 40 克），糖醋鲳鱼（鲳鱼 35 克，油 3 克，糖、醋适量），焖蚕豆（蚕豆 25 克、油 4 克、盐适量），鱼头豆腐汤（鱼头 1 个、豆腐适量）。

4）加餐：小蛋糕 2 块，鲜果汁 100 毫升。

5）晚餐：西红柿笋丝肉丝烩面（面条 40 克、笋丝 15 克、肉丝 15 克、西红柿 10 克、油 3 克、盐适量）。

6）加餐：配方奶或 5% 糖牛奶 210 毫升。

（4）星期四

1）早餐：配方奶或 5% 糖牛奶 210 毫升，鸡蛋胡萝卜玉米粥（蛋黄 1 个、胡萝卜 15 克、玉米 15 克）。

2）加餐：配方奶或 5% 糖牛奶 100 毫升，饼干 2 块。

3）午餐：软米饭（大米 40 克），洋葱炒牛肉丝（牛肉 35 克、洋葱 20 克、油 3 克、盐适量），青菜肉圆汤（青菜 25 克、猪肉末 10 克、香油 2 克、盐适量）。

4）加餐：黑米粥（黑米 25 克、糖适量）。

5）晚餐：青菜肉丝煨面（面条 40 克、瘦肉丝 25 克、青菜 25 克、胡萝卜丝 15 克、麻油 2 克、盐适量）。

6）加餐：配方奶或 5% 糖牛奶 210 毫升。

（5）星期五

1）早餐：配方奶或 5% 糖牛奶 210 毫升，鸡蛋麦片粥（鸡蛋 1 个、麦片 20 克）。

2）加餐：豆浆 100 毫升，饼干 2 块。

3）午餐：软米饭（大米 40 克），素炒鸡丁（鸡肉 35 克、花椰菜 25 克、胡萝卜 15 克、黑木耳 2 克、油 4 克、盐适量），紫菜虾皮汤（紫菜、虾皮各 1 克，香油 2 克，盐适量）。

4）加餐：小馄饨（面粉 25 克、猪肉末 15 克、油 3 克、盐适量），苹果 1 个。

5）晚餐：香菇虾仁面（面条 40 克、虾仁 35 克、香菇 25 克、胡萝卜 15 克、小豌豆 15 克、油 5 克、盐适量、青菜少许）。

6）加餐：配方奶或 5% 糖牛奶 210 毫升。

（6）星期六

1）早餐：配方奶或5%糖牛奶210毫升，面包片夹鸡蛋（面包片20克、鸡蛋1个）。

2）加餐：配方奶或5%糖牛奶100毫升，饼干2块。

3）午餐：软米饭（大米40克），萝卜烧肉（萝卜50克、猪肉35克、酱油适量），菠菜蛋花汤（鸡蛋1个、菠菜25克、香油2克、盐适量）。

4）加餐：蒸甘薯（甘薯30克），鲜果汁100毫升。

5）晚餐：虾茸瘦肉鸡蛋烩面（面条40克、鸡蛋1个、瘦肉15克、虾茸10克、油2克、盐适量、菠菜少许）。

6）加餐：配方奶或5%糖牛奶210毫升。

（7）星期日

1）早餐：配方奶或5%糖牛奶210毫升，鸡蛋麦片粥（鸡蛋1个、麦片20克）。

2）加餐：配方奶或5%糖牛奶100毫升，饼干2块。

3）午餐：软米饭（大米40克），黄豆芽炒猪肝（猪肝35克、黄豆芽25克、油2克、盐适量），罗宋汤（牛肉25克、土豆25克、卷心菜25克、胡萝卜15克、油4克、番茄酱适量、盐适量）。

4）加餐：南瓜饼2个，橘子1个。

5）晚餐：青菜肉馄饨（面粉40克、猪肉末35克、青菜35克、香菇10克、香油3克、盐适量）。

6）加餐：配方奶或5%糖牛奶210毫升。

第三节　学龄前期营养指导

一、学龄前期营养需求

1. 碳水化合物

学龄前儿童对碳水化合物的每日平均需要量为120克，对粮食的摄入量逐渐增多，粮食代替奶和奶制品成为其能量的主要来源。

2. 能量

学龄前儿童活动范围增大，所需能量比 3 岁以前有所增加。每日的能量需要量为 1 250 ~ 1 600 千卡（5 232 ~ 6 697 kJ）。能量除了从碳水化合物获得外，还能从蛋白质和脂肪中均衡地获得。

3. 蛋白质

我国学龄前儿童每日的蛋白质参考摄入量为 30 ~ 35 克。在这一阶段，儿童的大脑发育较快，3 岁时大脑的质量为出生时的 3 倍，而长到 6 岁时大脑的质量就相当于成人的 90% ~ 93%。大脑神经系统的发育需要大量的蛋白质和脂类（如磷脂、胆固醇、糖脂等）。为了促进脑髓的发育，学龄前儿童必须不断地从食物中摄取大量能构成脑神经组织的物质，因而应多食用牛奶、鸡蛋、鱼、黄豆及动物内脏等食物。

4. 脂肪

对于学龄前儿童来说，脂肪所供能量应占膳食总能量的 25% ~ 30%。研究表明，有的儿童从 3 岁起血管中就有脂质条纹，10 岁时即可形成粥样硬化斑块，可见预防动脉粥样硬化及高血压必须从学龄前儿童开始。过多的脂肪能抑制胃液分泌和延长胃的排空时间，导致其食欲下降。因此，学龄前儿童不要吃过于油腻的食物。

5. 矿物质和维生素

我国学龄前儿童每日的钙参考摄入量为 500 毫克，每日的铁参考摄入量为 10 毫克，每日的锌参考摄入量为 5.5 毫克。

我国学龄前儿童每日的维生素 A 参考摄入量和维生素 D 参考摄入量与幼儿相同，每日的维生素 C 参考摄入量为 50 毫克。

二、学龄前儿童膳食安排

学龄前儿童代谢旺盛、生长迅速、智力发育快、活动量很大，所以需要的能量和各种营养素相对均高于成人，但其消化器官尚未完全发育成熟，特别是咀嚼、消化能力远不如成人，易发生消化不良。因此，在制作食物时要保证其质地细软、容易消化，并经常变换食物的种类、口味，以增进学龄前儿童的食欲。由于学龄前儿童的进食量不大，容易饥饿，因此可以适当加餐。

1. 多样化选择食材

要做到多样化选择食材，并且注意食材中各营养素之间的平衡，每餐要荤素搭配，保证有主食及一定比例的优质蛋白质和适量蔬菜，尽可能经常供给绿叶蔬菜或黄色、红色蔬菜，以满足学龄前儿童对各种维生素及矿物质的需要。另外，每日应保证有新鲜水果，最好有奶或奶制品。

2. 科学搭配

在制定食谱时，既要进行营养素摄入量的计算（即计算蛋白质、脂肪、碳水化合物、矿物质、维生素、水等的摄入量），又要保证各种食物的平衡（即谷类、肉类、蛋类、蔬菜类、水果类、豆制品等在膳食中所占的比例应均衡）。通过荤素搭配、粗细搭配和甜咸搭配，保证学龄前儿童得到足够的热量和营养素。

3. 合理加工烹调

加工烹调是改善食材形态、增进食欲、促进消化和吸收的重要环节。不合理加工烹调会损失大量营养素，而合理加工烹调会增加食材的色、香、味，改善其感官性状。

在制作学龄前儿童膳食时，既要注意色、香、味、形，又要保留一定的营养成分，同时要保证良好的卫生状况。注意，不能过咸、过油、过生。

应经常把蒸、煮、烧、烩、焖、炒等烹调方法结合起来使用，使食材加工后具有软、烂、酥的特点，同时使食材中的可溶性蛋白质得到最大限度的溶解。

4. 合理安排餐次

合理安排餐次是指帮助学龄前儿童定时、定点、定量进食。一般学龄前儿童每日吃三顿正餐（包括早餐、午餐、晚餐），正餐之间间隔 4 小时，可以加 1 ~ 2 次点心，晚餐后除水果、牛奶或酸奶（应在学龄前儿童睡前 1 小时安排）外，不要让学龄前儿童吃其他食物。

5. 培养良好的进食习惯

（1）家长要有良好的饮食行为，为学龄前儿童做表率。

（2）合理安排学龄前儿童吃零食的时间和数量，在吃饭前或吃饭时禁止其喝饮料，培养其养成每日定时进食的好习惯。

（3）指导学龄前儿童饭前洗手，鼓励其用勺或筷子自主进食。

三、学龄前儿童营养食谱

1. 星期一

（1）早餐：油条（面粉 50 克），煮鸡蛋 1 个，面片汤（面片 10 克、菠菜 10 克、鸡蛋液 5 克）。

（2）早点：牛奶 190 毫升，草莓 20 克。

（3）午餐：米饭（大米 55 克），煎鸡排（鸡胸肉 50 克），鸡蛋炒黄瓜片（黄瓜 50 克、鸡蛋液 10 克、胡萝卜 10 克、豆腐干 10 克），虾皮生菜汤（生菜 5 克、虾皮 1 克）。

（4）午点：哈密瓜 100 克，松子仁 10 克，橘皮冰糖水 200 毫升。

（5）晚餐：水饺（面粉60克、胡萝卜40克、猪肉30克、鸡蛋液10克、豆腐干10克），牛肉饼（面粉50克，牛肉20克），饺子原汤适量。

2. 星期二

（1）早餐：鸡蛋饼（面粉50克、鸡蛋液10克），菠菜疙瘩汤（面粉10克、菠菜10克、香菜2克）。

（2）早点：牛奶190毫升，西瓜20克。

（3）午餐：米饭（大米55克），红烧带鱼（带鱼60克），鸡蛋炒西红柿（西红柿50克、鸡蛋液30克），豆腐条蛋花汤（豆腐5克、鸡蛋液5克）。

（4）午点：苹果100克，芝麻糖10克，百合冰糖水200毫升。

（5）晚餐：肉饼（面粉60克、猪肉40克、大葱15克），拌小菜（花椰菜15克、西蓝花15克），二米粥（糯米15克、黑米10克、糖5克）。

3. 星期三

（1）早餐：馒头（面粉30克），煮鸡蛋1个，红枣糯米粥（糯米20克、去核红枣3克）。

（2）早点：牛奶190毫升，圣女果30克。

（3）午餐：米饭（大米55克），黄瓜炒肉片（黄瓜40克、猪肉30克、胡萝卜10克、西红柿5克），鲜蘑油菜豆腐（豆腐30克、油菜20克、鲜蘑菇10克），虾皮紫菜汤（紫菜3克、虾皮1克）。

（4）午点：芦柑100克，桃酥10克，冰糖煮梨水200毫升。

（5）晚餐：炒饼（烙好的饼60克、猪肉30克、白菜40克、胡萝卜15克、豆腐干10克），玉米鸡蛋羹（玉米5克、鸡蛋液25克、青豆5克）。

4. 星期四

（1）早餐：馒头（面粉50克），煮鸡蛋1个，白米粥（大米30克）。

（2）早点：牛奶190毫升，桃50克。

（3）午餐：米饭（大米55克），木须肉（黄瓜40克、猪肉30克、鸡蛋液30克、胡萝卜10克、木耳1克），鸡蛋炒花椰菜（花椰菜30克、鸡蛋液10克、番茄酱5克），虾皮紫菜汤（紫菜3克、虾皮1克）。

（4）午点：葡萄100克，饼干10克，冰糖煮梨水200毫升。

（5）晚餐：西红柿肉末鸡蛋面（面条60克、西红柿40克、猪肉20克、鸡蛋液15克、豆腐干10克、菠菜10克），拌小菜（黄瓜20克、豆芽5克）。

5. 星期五

（1）早餐：豆沙包（面粉30克，豆沙20克），煮鸡蛋1个，大米粥（大米15

克），腐竹拌芹菜（腐竹、芹菜各 15 克）。

（2）早点：牛奶 190 毫升，梨 20 克。

（3）午餐：米饭（大米 55 克），油焖大虾（大虾 50 克、黄瓜 50 克、胡萝卜 10 克、青豆 5 克），鸡蛋炒油菜（油菜 30 克、鸡蛋液 15 克），西红柿蛋花汤（西红柿、鸡蛋液各 3 克）。

（4）午点：山楂片 10 克，银耳冰糖水 200 毫升。

（5）晚餐：什锦发糕（面粉 30 克、玉米面 20 克、果脯 20 克），红烧鸡翅中（鸡翅中 50 克），炒卷心菜（卷心菜 60 克、肉末 10 克、胡萝卜 10 克、粉丝 5 克、黑木耳 1 克），黄瓜丝蛋花汤（黄瓜、鸡蛋液各 5 克）。

6. 星期六

（1）早餐：面包夹香肠（面包 30 克、香肠适量），西红柿面片汤（面片 10 克、鸡蛋 25 克）。

（2）早点：牛奶 190 毫升，香蕉 30 克。

（3）午餐：西葫芦羊肉水饺（面粉 60 克、西葫芦 70 克、羊肉 35 克、胡萝卜 10 克、豆腐干 10 克），玉米 80 克，饺子原汤适量。

（4）午点：松子仁 10 克，橘皮冰糖水 200 毫升。

（5）晚餐：什锦炒饭（大米 50 克、火腿肠 25 克、鸡蛋 25 克、黄瓜 20 克、胡萝卜 20 克、豌豆 10 克、豆腐干 10 克），绿豆糕 30 克，虾皮香菜汤（虾皮、香菜各 1 克）。

7. 星期日

（1）早餐：麻酱火烧 50 克，酱牛肉 50 克，玉米面粥（玉米面 15 克）。

（2）早点：牛奶 190 毫升，苹果 20 克。

（3）午餐：猪肉茴香包（面粉 50 克、茴香 50 克、猪肉 30 克），素鸡 10 克，红小豆枣粥（大米 15 克、红小豆 5 克、去核红枣 5 克）。

（4）午点：哈密瓜 100 克，榛子仁 10 克，白萝卜冰糖水 200 毫升。

（5）晚餐：二米饭（大米 30 克、小米 25 克），叉烧排骨（猪肋排 60 克），鸡蛋炒莴笋（莴笋 70 克、鸡蛋液 40 克、胡萝卜 10 克、豆腐干 10 克），虾皮菠菜汤（菠菜 5 克、虾皮 1 克）。

第四节　学龄期营养指导

一、学龄期营养需求

在学龄期，儿童处于迅速生长发育的阶段，其体力活动增多，新陈代谢旺盛，因此，对营养素的需求量很高。营养素供给是否充足、全面，比例是否适宜，不仅影响学龄儿童的身体健康，而且影响其智力发育。

1. 能量

我国 7 ~ 10 岁学龄儿童每日的能量需要量为 1 550 ~ 2 050 千卡（6 488 ~ 8 581 kJ）。

2. 蛋白质

我国 7 ~ 10 岁学龄儿童每日的蛋白质参考摄入量为 40 ~ 50 克，应保证学龄儿童每日摄入优质蛋白质，其从蛋白质所获得的能量应占膳食总能量的 11% ~ 14%。

3. 脂肪

学龄儿童每日对脂肪的摄入量不宜过高（一半来自植物油），脂肪所供能量应占膳食总能量的 25% ~ 30%。

4. 矿物质和维生素

学龄儿童骨骼生长迅速，对矿物质尤其是钙的需求量很大，对微量元素如铁、锌、铜等以及各种维生素的需求量也较大。我国 7 ~ 10 岁学龄儿童每日的钙参考摄入量为 1 000 毫克，每日的磷参考摄入量为 470 毫克，每日的铁参考摄入量为 12 毫克，每日的锌参考摄入量为 7 毫克。

7 ~ 10 岁学龄儿童对维生素 A、维生素 C 等的需求量都有大幅增加，其中每日的维生素 A 参考摄入量为 500 微克（视黄酮活性当量），每日的维生素 C 参考摄入量为 65 毫克。

二、学龄儿童膳食安排

学龄儿童活动范围增大，智力发育与心理成长突飞猛进，自我意识增强，遇事有自己的主张，个性逐步显露，因此在膳食安排上必须取得他们的密切配合。

第七章

儿童体格锻炼及意外伤害处理

第一节　体格锻炼

儿童进行体格锻炼有利于生长发育，可增加肢体的灵活性，有助于养成伴随一生的健康运动习惯。虽然许多家长都非常重视儿童健康，但是他们更愿意在饮食和智力开发等方面付出精力和财力，而容易忽视体格锻炼。其实，儿童的体格发育与营养吸收和智力发育有密切的联系。许多家长认为体格锻炼就是体育运动，如果不想培养儿童当运动员，就没有必要进行体格锻炼。这是错误的想法，虽然体格锻炼与体育运动关系密切，但并不等同于体育运动。

一、体格锻炼的意义

1. 促进生长发育

儿童生长发育主要表现为全身骨骼的生长，尤其是长骨的生长。体格锻炼不仅可以改善骨骼的血液循环，使骨骼组织得到更多的营养素，还对骨骼起到一种机械刺激作用，使骨骼加速生长。

体格锻炼也可以增加肌肉力量，使肌肉逐渐丰满。如果在儿童各项动作发展之前指导其锻炼腹肌、腰肌、背肌以及下肢肌肉的力量，并进行一些条件反射训练，就可使儿童的动作更灵敏、肌肉更发达。

如果希望儿童有健美的身材和强壮的身体，就需要让他们进行体格锻炼。

2. 增强各器官系统的功能

体格锻炼能增强心肺功能，使儿童心肌发达，心肌收缩力加强，血液循环加快，新陈代谢加强。在体格锻炼过程中，由于肌肉活动需要消耗大量的氧气和排出更多的二氧化碳，因此呼吸器官的工作强度大，久而久之，儿童胸廓的活动范围就扩大了，肺活量也提高了，呼吸器官的功能就增强了，对预防呼吸道常见疾病有一定的作用。

体格锻炼能增强胃肠功能，使儿童胃肠蠕动加快，消化、吸收功能增强，食欲增加，发育得更好。

体格锻炼能增强神经系统的功能，由于身体各部位的协调运动都是在神经系统统一控制和调节下进行的，因此在进行体格锻炼的同时，神经系统功能也在增强，如各种体操动作可使婴儿的动作从无秩序逐步发展至分化、有目的和协调，这一过程就促进了神经系统的发育。

3. 增强抵抗力，预防疾病

体格锻炼多在户外进行，可以同时接受日光浴、空气浴和水浴，儿童在经受外界环境变化的刺激后，皮肤和呼吸道黏膜不断受到锻炼，大脑皮质对冷和热的刺激也形成了条件反射，耐受力会增强。当环境因素发生变化时，儿童大脑就能迅速而准确地反应，使身体内环境与外界环境保持物质和能量的动态平衡，这样就不容易遇冷感冒，也不容易遇热中暑。

在户外活动中，阳光中的紫外线照射皮肤后，可使皮肤中的胆固醇转变为维生素 D，促进儿童对钙和磷的吸收，预防和改善佝偻病。紫外线还可以刺激骨髓，制造红细胞，防止贫血。新鲜空气中的氧气能促进新陈代谢，并有杀菌作用。

4. 促进智力发育

体格锻炼中的各种动作直接受神经系统的支配和调节，儿童在活动时，肌肉中的神经可将各种刺激传递到大脑，从而促进大脑的发育，使大脑对动作的反应更加灵敏。有研究表明，从小学习游泳的婴儿长大后，其智力、独立能力和自信心都要比其他儿童强。

从生理角度来看，体格锻炼可以增加大脑的血流量，供给脑细胞更多的营养素和氧气，促进脑细胞正常生长发育。3 岁前幼儿的营养素摄入对智力发育影响很大，而体格锻炼有利于其吸收营养素，对智力开发很有益处。

5. 塑造性格

体格锻炼不仅是身体的锻炼、大脑的锻炼，也是性格的锻炼。体格锻炼能帮助儿童克服不良行为，养成与人合作的习惯，形成遵守规则的意识；体格锻炼能培养儿童的毅力，增强儿童的自信心，使儿童变得开朗、活泼、乐观；体格锻炼能帮助儿童建立良好的人际关系，有助于适应日后的社会需要。对于性格孤僻、不合群的儿童，要鼓励他们参加体格锻炼，通过与其他儿童多接触，改变其孤僻、忧郁的性格，这样有利于其身心的健康成长。

二、体格锻炼的原则

1. 遵循儿童动作发育的规律

例如，动作发育的规律是由上到下，即先抬头后抬胸，先学坐再学站和走；肢体活动的规律是由远及近，即先抬肩、伸臂，再双手握物，直至手指取物。行为的发展是由不协调到协调，由泛化到集中。动作的发展是由粗略到精细，先发展抬头、坐、站、走等大动作，再发展手指取物、脚尖走路等细微动作。一般儿童先进行正面的动作，后进行反面的动作，如会抓东西后才能放下东西，会向前走后才会向后退。

2. 循序渐进

应有计划地逐步增加运动量和活动的复杂程度。

3. 持之以恒

应督促儿童经常进行体格锻炼，养成爱运动的好习惯。

4. 做好准备活动和整理活动

每次进行体格锻炼前，要安排儿童进行充分的准备活动；每次进行体格锻炼后，要安排儿童进行充分的整理活动。

5. 注意休息和营养

体格锻炼应与休息适当交替，注意合理补充营养。

三、体格锻炼的方法

1. 抚触

婴儿神经系统发育不成熟，自身的神经、肌肉活动较少，可通过父母和护理人员的双手对其皮肤进行有序、有技巧的科学抚摩，使双手产生的温和刺激通过皮肤传到中枢神经系统，这种刺激会在婴儿大脑形成一种反射，促使脑细胞活动增加，进而促进婴儿的智力发育。

肢体的抚触可增加四肢的活动量，明显增加头围、身长、体重，促进婴儿生长发育；腹部的按摩可以使婴儿的消化吸收、功能增强，明显增加婴儿的母乳摄入量。每日给婴儿进行系统的抚触，不仅有利于婴儿生长发育，增强婴儿免疫力，减少婴儿哭闹，增加婴儿睡眠时间，还能增进父母与婴儿的亲情交流。

新生儿在出生 24 小时后即可进行抚触，每日进行 3 次，每次 15 分钟，应在温暖的环境中（20～30 ℃）进行，可以播放一些柔和的音乐，也可以对其说话、唱歌，应特别注意眼神的交流。

（1）抚触手法

应轻轻地抚触，以婴儿不痛不痒为宜。较小的部位用指尖，较大的部位用手指或掌心。开始时动作要轻，若婴儿无异常反应，可适当增加力度，这样不但能刺激皮肤上的感觉神经末梢，也能刺激深部感受器。抚触者的双手要温暖、光滑，指甲要短，无倒刺，不戴首饰，以免划伤婴儿的皮肤。可以倒些婴儿润肤液于手掌中，起润滑作用。

（2）抚触面积

抚触面积越大，对婴儿的良性刺激就越多。一般婴儿采用仰卧位，其头部可偏向一侧，防止窒息。在抚触过程中，应密切观察极低体重儿的表情，根据其反应及时调整抚触方法和力度，若婴儿有哭闹、肌张力增大、兴奋性增强、肤色发生变化、呕吐等反应，均应停止抚触。婴儿患病或皮肤感染时应暂停抚触。

（3）抚触部位

使婴儿在全裸状态下仰卧，分别对其头面部、胸部、腹部、下肢和上肢进行抚触，每个部位需要抚触 2 ~ 3 遍。

2. 被动运动

被动运动是促进婴儿动作发展的一个好方法。当婴儿不会主动运动时，家长可用手帮助婴儿进行四肢的伸直、弯曲向上和向下等运动，使婴儿身体各部位灵活起来，以促进婴儿运动能力的发展。

3. 爬行训练

爬行训练可以锻炼婴儿颈部、背部、四肢肌肉的运动能力，使全身肌肉得到锻炼，促进大脑和身体的发育。6 ~ 7 月龄婴儿可以开始进行趴立训练，先训练用上肢支撑身体，再逐渐训练爬行。爬行训练分为斜板爬、俯爬、障碍爬、膝手爬等。不会走或行走姿势异常的婴儿要从爬行开始训练，因为爬行是行走的基础。爬行训练通过四肢及头部的活动促进正确动作的出现，纠正错误的姿势及改善感知觉，是运动发育迟缓及运动障碍的主要改善方法。

4. 体育运动

体育运动是以体育活动为手段，以锻炼出健康身体为目的的。对于能主动运动、独立行走的儿童来说，可以指导其做一些力所能及的体育运动如体操、爬山等，还可以增加一些有技巧的体育运动如跳绳、拍球等。

应结合儿童的年龄，根据其运动能力的发展规律，循序渐进、持之以恒地指导儿童进行体育运动。应注意儿童的个体差异，针对儿童的健康状况选择适宜的体育运动方法，可在时间、强度上进行调整。对于缺乏锻炼和体弱多病的儿童，应鼓励其适当、适量地进行体育运动，使其逐渐从体质上、思想上适应体育运动，最终喜爱运动，能主动地进行体育运动。

5. 生活能力训练

当儿童有一定的行为能力后，就可以针对其生活能力进行训练，如训练儿童吃饭、穿衣、拿东西或放东西、做游戏、做家务等。生活能力训练有利于儿童智力的开发。

6. 机体适应能力训练

人有随时调节各种机体功能状况以适应内外环境变化的能力，这种能力称为机体适应能力。儿童的适应能力包括神经系统的控制协调能力、心肺的耐力、肌肉的力量与耐力、保持良好姿势的能力和对疾病的抵抗力。机体适应能力是运动适应能力的基础，应对儿童进行机体适应能力训练，如冷热耐受训练、运动耐受训练、爬山训练等。与体育运动相同，机体适应能力训练也应循序渐进、持之以恒，应结合儿童的年龄，注意儿童的个体差异，在时间、强度上进行调整。

7. 运动金字塔

近年来，美国运动学专家推出了一个针对 6 ~ 11 岁儿童的运动金字塔，对指导儿童的体格锻炼进行了全新的诠释，其核心思想是鼓励儿童每日至少锻炼 1 小时。针对不同年龄的儿童，运动金字塔给出了不同强度的体格锻炼建议。

运动金字塔由 4 个层面组成。第一个层面是运动金字塔的基础，强调每日都应该进行的体格锻炼，如每日尽可能多步行、收拾屋子、爬楼梯、整理玩具等。第二个层面着重鼓励儿童多进行一些有利于出汗、提高心率的有氧运动，如跳绳、打篮球、踢足球、滑冰、游泳等，这样的锻炼方式每周参与 3 ~ 5 次。第三个层面是柔韧性和力量的训练，如武术、瑜伽、攀岩、俯卧撑等，要求儿童每周参与 2 ~ 3 次。第四个层面是运动金字塔的最顶端，被称为“无运动”或“修整运动”，包括打游戏、看电视、上网和长时间坐着，当儿童的运动状况处于这一层面时，家长或老师就应注意了，必须加以调整。

运动金字塔并不是在儿童中推行高强度锻炼，因为这样反而会让儿童产生厌恶情绪。作为家长、老师及儿童体质调理人员，有责任为儿童提供多样化的体格锻炼机会。

8. 感统训练

感统是感觉统合的简称，是指感觉信息在脑加工的过程。人是通过视觉、听觉、触觉、嗅觉、味觉、本体觉等感觉来感受外界事物的，并通过感觉器官将信息传递到大脑，大脑在将信息整合之后，再指挥身体各部位的行为，人的这个能力被称为感觉统合能力。只有经过感觉统合，神经系统的不同部分才能发挥出协调整体的作用，使个体与环境顺利接触。

感统训练不仅是感官训练，也是大脑功能训练。感觉训练就是多给予儿童一些刺

要观察儿童全身的状况，若有出血部位要先止血、止痛防止其休克，再处理骨折处。处理的基本原则是限制受伤肢体的活动，防止断骨刺伤周围组织，以减轻疼痛。

（1）四肢骨折

当儿童四肢发生骨折后，要观察骨折处是否有皮肉破损及断骨暴露，若没有，则立即用夹板固定。夹板一般选用薄木板，也可就地取材，用木棒、竹片、硬纸板等代替。夹板的长度应能将断骨处的上下两个关节都固定住，如前臂骨折时，应将腕关节和肘关节固定。上夹板前，应在夹板与四肢接触处垫一层柔软的物品，如棉花、布料等，并用三角巾或绷带把夹板固定在受伤的肢体上。若上肢骨折要屈肘弯曲捆绑，若下肢骨折要伸直捆绑。注意，要露出手指或脚趾，以便观察受伤肢体的血液循环情况。若手指或脚趾苍白、发凉、麻木、青紫，则表示夹板捆得太紧，应重新固定。如果骨折处皮肉破损，断骨已经外露，那么不要把断骨强行按回去，应到医院进行治疗。

（2）肋骨骨折

肋骨骨折往往是多发性的，具体有以下两种情况：一是仅肋骨骨折，未伤及肺，受伤儿童不觉得呼吸困难，这种情况应在受伤儿童深呼气结束、胸廓缩小时，用宽布带环绕骨折处的胸部，以减小呼吸的幅度，即将断骨固定；二是断骨刺伤了胸膜、肺，使受伤儿童呼吸困难、咯血等，此时不能处理断骨，而应到医院治疗。

（3）椎骨骨折

脊柱是人体的“大梁”，如果儿童从高处跳下摔伤，则容易造成椎骨骨折，最易发生骨折的是活动范围较大的第五、第六颈椎骨，第十二胸椎骨和第一腰椎骨。

椎骨骨折后，若现场处理不当，如抱受伤儿童或搀扶其走动或让其躺在软担架上，都有可能使折断的椎骨刺伤脊髓而造成终身残疾。因此，如果怀疑儿童椎骨骨折，首先应让受伤儿童保持安静，不准其活动，也不准其他人背、抱；然后数人动作一致地将受伤儿童轻轻地抬到木板担架上，也可数人动作一致地托住受伤儿童的肩胛、腰部和臀部，使其“滚”到木板担架上，注意受伤儿童应俯卧；最后用宽布带将受伤儿童的身体固定在木板担架上送往医院，注意运送过程中一定要保持平稳。

3. 头部摔伤

儿童玩耍时常摔伤头部，有时出血，有时不出血。如果头部有出血的伤口，则应用医用纱布轻轻地按压伤口止血；如果有脑组织溢出头皮外，则说明已损伤颅骨，应按原样做简单包扎后尽快送医院进行抢救，千万不要把露在头皮外的脑组织按回伤口，以免造成颅内感染；如果头部没有伤口，应对受伤儿童进行 24 小时的密切观察，如果出现恶心、呕吐、意识丧失、头部剧烈疼痛、抽搐、语言障碍，以及眼、耳、鼻出血等症状，应及时送医院急救。

4. 异物进入身体

（1）鼻腔异物

儿童由于好奇，常把豆子、小珠子、小纽扣、橡皮等较小的物品塞入鼻腔中，不仅会影响呼吸，还会引起鼻腔炎症，因此老师、家长和儿童体质调理人员应仔细观察儿童的活动过程，及时制止儿童的不良行为。若异物已被塞入鼻腔，则应及时取出异物。

具体的紧急处理方法如下：让儿童用口深吸一口气，用手堵住无异物的一侧鼻孔，鼓励儿童用力擤鼻子，则异物可排出；若异物未排出，切不可擅自用镊子夹取异物，尤其是圆形异物，否则容易将异物捅向鼻腔深处，这时应立即到医院处理。

（2）气管、支气管异物

气管、支气管异物多见于5岁以下的儿童，主要是儿童口含食物或小物件进行嬉戏、运动时容易发生。当儿童气管有异物时，会出现呛咳、吸气性呼吸困难、面色青紫等现象，此时应立即进行紧急处理。若发生在年龄较小的婴幼儿身上，可将其倒提起来，拍背。若发生在年龄较大的儿童身上，有两种紧急处理方法：一是让其趴卧在成人大腿上，使其头部向下倾斜，轻拍其后背；二是成人站其身后，两手紧抱其腹部，迅速有力地向上进行勒挤。若上述紧急处理方法无效，应立即将受伤儿童送医院处理。

（3）咽部异物

咽部异物以鱼刺、骨头渣儿、瓜子壳、枣核等较为多见，这类异物大多扎在扁桃体及其周围，引起疼痛，且吞咽时疼痛加剧。

咽部异物最好用消过毒的镊子取出，切不可采用大口吞饭的方法，否则会使异物越扎越深，若无法取出，应立即到医院处理。

（4）眼部异物

常见的儿童眼部异物有小沙粒、小飞虫等，这类异物入眼后，可粘在睑结膜的表面，或进入结膜囊内，或嵌在角膜上，对于不同情况应采取不同的紧急处理方法，但处理人员都应先清洁双手，且处理过程中不可以搓揉儿童的眼皮。

若异物粘在睑结膜表面，可拨开儿童眼皮，用干净柔软的手绢或棉签轻轻地拭去。若异物进入结膜囊内，则需要翻开儿童眼皮拭去。这里介绍一下翻上眼皮的方法，让儿童向下看，用拇指和食指轻捏其上眼皮，轻轻地向上翻即可。若运用以上方法未取出异物，且儿童感到极度不适，则有可能是角膜异物，这时应立即到医院处理。

平时应培养儿童形成爱护眼睛的意识，如不用脏手揉眼睛，不玩尖锐的物品，不互相扔沙粒，当眼睛不舒服时应立即告诉成人。

（5）外耳道异物

外耳道异物一般分为两种：一种是非生物异物，如小石头、纽扣、豆类等；另一种是生物异物，如小昆虫等。外耳道异物可引起儿童耳鸣、耳痛、外耳道炎症及听力障碍，应及时取出。

若外耳道异物是非生物异物或水，可用倾斜头部、单腿蹲跳的动作，帮助异物排出。若上述方法无效，应及时到医院处理，切不可用小棍捅、用镊子夹，否则容易损伤儿童的外耳道及鼓膜。

若外耳道异物为小昆虫，可用强光接近儿童的外耳道，或吹入香烟的烟雾将小昆虫引出来。若上述方法无效，应立即到医院处理。

5. 中暑

中暑是指人因长时间在烈日下活动或处于高温环境中，导致体温调节发生障碍而引发的急性疾病。

儿童长时间待在过热的房间内或者阳光长时间照射其头部，均易中暑而出现头疼、头晕、耳鸣、眼花等症状，严重时，患儿呼吸加速、脸色发白、失去知觉。

一旦儿童中暑，应迅速将其移至阴凉通风处，解开衣扣，让其躺下休息，可进行物理降温，如用湿毛巾冷敷其头部，用扇子扇风帮助散热。若患儿能自己饮水，则让其喝一些淡盐水，或口服十滴水、人丹等。较轻的中暑症状经上述处理后能够很快好转。

在炎热的夏季，儿童参与户外活动的时间应避开上午十点到下午两点半这个时间段。另外，可组织儿童在树荫或屋檐下进行活动，以避免阳光直接照射，教师或儿童体质调理人员等应多提醒和组织儿童喝水。

6. 冻伤

当气温转低，或气温不是很低但湿度较大或有大风时，儿童身体裸露处或保护不好的部位，以及供血不足的部位有可能被冻伤。冻伤可分为三度：一度冻伤是指冻伤部位有痛或痒的感觉，出现水肿，呈青紫色；二度冻伤是指冻伤部位形成一些带血的水泡；三度冻伤是指皮肤坏死，甚至伤及深部组织。儿童冻伤多为一度冻伤，常出现在耳朵、面颊、手、足等处，一般仅伤及皮肤表面。

具体的紧急处理办法如下：可先用75%酒精轻轻地涂擦患处，再涂上冻疮药膏。

虽然冻伤处痊愈后一般不留疤痕，但易复发。因此，平时应注意不给儿童穿过小的鞋子，教育儿童洗手后要擦干，对于脚爱出汗的儿童应及时帮其换掉被汗浸湿的袜子，可经常对儿童的手、脚、耳、鼻等处进行保健按摩。

7. 溺水

溺水是常见的儿童意外伤害事故，每年夏秋两季较多见。水灌入呼吸道引起窒息是溺水致死的主要原因。溺水后 5 ~ 6 分钟，儿童的呼吸、心跳就会完全停止。由于儿童在溺水过程中一般会吸入水中杂质以及呕吐物，故溺水获救后都伴有急性肺水肿、肺炎、肺脓肿等，且常常并发肾衰竭，甚至会因窒息缺氧而发生脑水肿。

一旦发现有儿童溺水，要迅速实施救援。救援者要轻装上阵，快速游到溺水儿童附近，从其后方抓住，将其拖上岸。溺水儿童上岸后，应先进行观察。若溺水儿童意识清楚，语言表达流畅，仅为体内进水，则帮其将水排出即可；排水时，救援者取半跪姿势，让溺水儿童趴在救护者的膝盖上，使其头部下垂，按压其腹部、背部，帮助溺水儿童将进入体内的水排出。若溺水儿童意识不清，口内有淤泥、杂草等，则应迅速清除淤泥、杂草等，先保持其呼吸道畅通无阻，然后解开衣扣、裤带，帮其排水。若溺水儿童呼吸、心跳已停止，则应迅速进行人工呼吸和闭胸心脏按压，在积极抢救的同时尽快送到医院治疗。

8. 晕厥

晕厥是指人由于短时间内大脑供血不足而失去知觉，突然晕倒在地。饥饿、精神紧张、空气闷热、站立时间过久等原因都可引起儿童晕厥。晕厥发生前会有头晕、恶心、心慌、眼前发黑等症状，继而面色苍白、出冷汗、失去知觉。

若儿童在室内晕厥，要立即开窗通风，使室内有足够的新鲜空气，同时让儿童平卧，解开衣扣、腰带，将其头部略放低、脚略抬高，使流向头部的血液量增大。一般经过短时间休息，待大脑血液供应改善后，即可恢复意识。儿童清醒后，可让其喝一些热饮料。若儿童严重晕厥，除采取上述措施外，还应进行人工呼吸。如果患儿呕吐，则应将其头部向一侧倾斜，使呕吐物从口中流出而不会进入呼吸道。

9. 出血

（1）鼻出血

鼻出血的原因很多，如鼻部外伤、某些疾病、鼻黏膜干燥、鼻腔异物等都可引起鼻出血。儿童用手抠鼻时常导致鼻出血，而发烧及空气干燥也容易导致鼻出血。鼻出血可能是短时间地流几滴，也可能是长时间地大量流血。

具体的紧急处理方法如下：安慰儿童不要紧张，让儿童坐下保持安静，头略向前倾而不能向后仰，以免血液呛入呼吸道；帮儿童将衣领、腰带松开，让儿童用口呼吸，用拇指和食指捏住儿童的鼻翼进行压迫止血，同时用湿毛巾冷敷鼻部或前额，一般压迫止血 5 ~ 10 分钟即可。若儿童有频繁的吞咽动作，一定让其把“口水”吐出来，若吐出的是鲜血，则说明仍继续出血，应尽快到医院处理。若出血量较多，也应尽快到医院处理。

在止血后 2 ~ 3 小时内，儿童不能做剧烈活动，避免再出血。若儿童经常发生鼻出血，应去医院做全面检查，确定是否有血液病或其他疾病。

（2）创伤出血

运动受到创伤后常发生出血并发症，一次出血量若达到全身血液量的 1/3 时，人的生命就有危险，因此，创伤出血后的止血十分重要。

创伤出血分为外出血和内出血两种。外出血是指血液从伤口流向体外的一种出血现象；内出血是指皮肤没有伤口，血液由破裂的血管流到组织、脏器或体内的一种出血现象。儿童发生外出血的情况比较常见，下面根据外出血的种类介绍相应的止血方法。

1）毛细血管出血。血液从创伤面四周渗出，出血量少，找不到明显的出血点，危险性小，只需要用凉开水或生理盐水冲洗伤口，然后涂上红药水或者用医用纱布将伤口扎紧即可。

2）静脉出血。静脉出血时，血色暗红，血液缓慢不断地流出，之后局部血管会收缩，流血速度逐渐减慢，危险性较小。此时只要抬高出血肢体就可以减少出血量，然后再在出血部位盖上几层医用纱布并扎紧即可。

3）动脉出血。动脉出血时，血色鲜红，出血速度快且量多，危险性大，会引起大出血。发生大出血要立即采取紧急止血方法。常用的紧急止血方法有加压包扎止血法和指压止血法。

①加压包扎止血法。加压包扎止血法用于动脉出血时的止血。具体操作方法如下：先将医用纱布或干净毛巾等折叠成比伤口稍大的“垫子”盖住伤口，再用绷带或三角巾加压包扎。

②指压止血法。指压止血法用于紧急抢救时的动脉出血，此法不宜长时间使用。具体操作方法如下：救护者用手指或手掌将出血血管的近心端用力压向相邻的骨骼，以阻断血流，达到暂时止血的目的。